遊戲 魔術 占卜

54種非玩不可的

撲克牌遊戲

草場 純

教育之友文化

序言

應該沒有人沒玩過撲克牌吧!?

然而，能真正地體會到撲克牌的魅力所在，

畢竟還是少數。

知道撲克牌的人很多，

但是熟悉撲克牌有趣及奧妙的玩家，卻少之又少。

撲克牌只有52～54張紙牌，

可是，當走進撲克牌的浩瀚世界裡，

其中洋溢著無止境的魅力。

這是本撲克牌入門的寶典，

引導大家邁進撲克牌的歡樂世界裡。

本書特色

1 精選一些簡單且精心設計過的遊戲規則，同時也好玩的遊戲

以規則簡單，但絕對沉迷的“好玩遊戲”為中心，集合了許多有趣的撲克牌遊戲。3人可以試試「米其」（第46頁），4～5人可以玩玩「高爾夫」（第50頁）。

2 標註「最佳遊戲人數」，讓遊戲玩得更盡興

為了讓玩家體會到遊戲本身的奧妙，都會標註「最佳遊戲人數」。當然，只要在最大參賽人數範圍內，都能盡興地玩上1局。

3 淺顯易懂的彩色圖解，一看就會

從發牌、出牌、遊戲必勝秘訣，到計分方法，都以簡單的文字說明和彩色圖解的方式來說明。了解規則後，玩起牌來就更能稱心如意。

4 提供「手牌的排列方式」、「必勝秘訣」、「另類玩法」及「小建議」等相關訊息

傳授給玩家們，從「手牌的排列方式」和「必勝秘訣」，一直到享受遊戲攻防樂趣的方法。其他另類玩法也都全部傾囊相授，以及如何自己編製遊戲的情報。

5 撲克牌遊戲34種，再加上魔術和占卜20種，內容包羅萬象

除了精心篩選過的好玩遊戲之外，還收集了撲克牌魔術和占卜各10種。不管是人前表演魔術，或是獨自占卜未來，都能藉由本書直達撲克牌的魔幻世界裡。

遊戲 魔術 占卜

54種非玩不可的 撲克牌遊戲

目錄

序章　撲克牌的基礎知識

第1章　撲克牌遊戲

●　最佳人數
▬　最大參賽人數

難易度A…簡單
B…適中
C…高難度

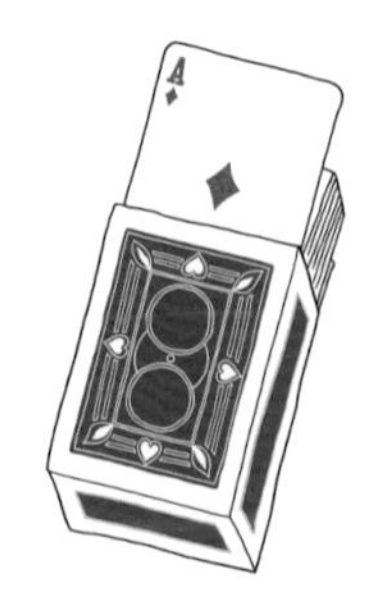

Part 3 雙人好玩遊戲 3

Part 4 3人好玩遊戲 5

Part 5 4人好玩遊戲 6

最佳人數

最大參賽人數

難易度A… 簡單
B… 適中
C… 高難度

第2章　撲克牌魔術

第3章　撲克牌占卜

本書的使用方法

遊戲的最佳人數（可以參賽人數）

「最佳人數4～5人」表示可以玩得盡興的最佳人數。（3～7人也OK）表示可以參賽的人數。

難易度、能力、分類

「難易度」表示遊戲的難易度，A是簡單、B是適中、C是高難度。「能力」表示必要的技巧。「分類」表示遊戲的種類。

使用紙牌、紙牌大小、紙牌點數

「使用紙牌」表示遊戲中使用紙牌的張數和種類，「紙牌大小」表示遊戲中紙牌的大小順位，「紙牌點數」表示紙牌點數的計算方式。

遊戲的勝負

這個遊戲是為何而戰（競爭）？「遊戲的勝負」說明如何贏得這場遊戲。

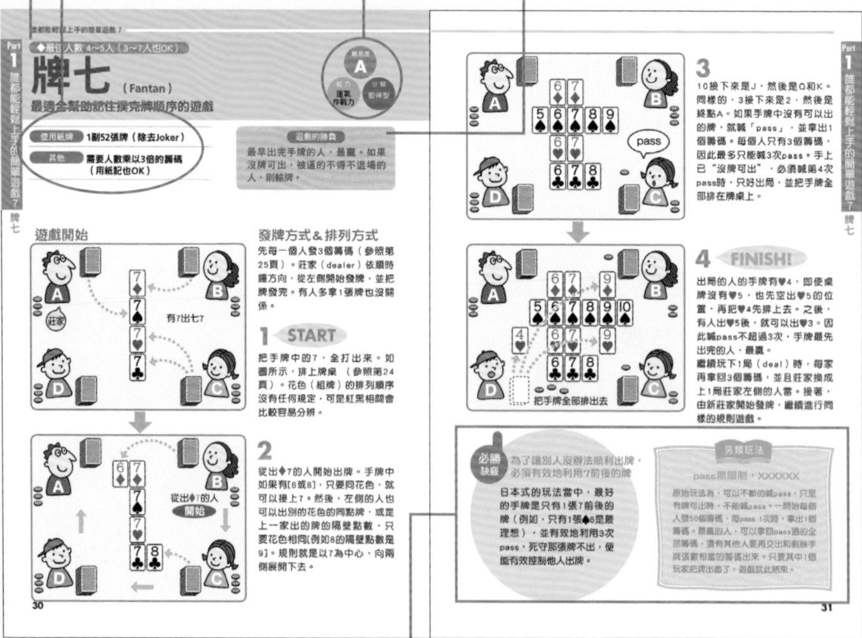

◆最佳人數 4～5人（3～7人也OK）

牌七（Fantan）

最適合幫助記住撲克牌順序的遊戲

使用紙牌：1副52張牌（除去Joker）

其他：需要人數乘以3倍的籌碼（用紙記也OK）

遊戲的勝負：最早出完手牌的人，最贏。如果沒牌可出，被逼的不得不退場的人，則輸牌。

難易度 A　能力 運氣 作戰力　分類 暫停型

遊戲開始

發牌方式＆排列方式

先每一個人發3個籌碼（參照第25頁）。莊家（dealer）依順時鐘方向，從左側開始發牌，並把牌發完。有人多拿1張牌也沒關係。

1 START

把手牌中的7，全打出來。如圖所示，排上牌桌（參照第24頁）。花色（組牌）的排列順序沒有任何規定，可是紅黑相間會比較容易分辨。

2

從出♦7的人開始出牌。手牌中如果有[6或8]，只要同花色，就可以接上7。然後，左側的人也可以出別的花色的同點牌，或是上一家出的牌的隔壁點數，只要花色相同[例如8的隔壁點數是9]。規則就是以7為中心，向兩側展開下去。

3

10接下來是J，然後是Q和K。同樣的，3接下來是2，然後是終點A。如果手牌中沒有可以出的牌，就喊「pass」，並拿出1個籌碼。每個人只有3個籌碼，因此最多只能喊3次pass。手上已"沒牌可出"，必須喊第4次pass時，只好出局，並把手牌全部排在牌桌上。

4 FINISH!

出局的人的手牌有♥4，即使桌牌沒有♥5，也先空出♥5的位置，再把♥4先排上去。之後，有人出♥5後，就可以出♥3。因此喊pass不超過3次，手牌最先出完的人，最贏。

繼續玩下1局（deal）時，每家再拿回3個籌碼，並且莊家換成上1局莊家左側的人當。接著，由新莊家開始發牌，繼續進行同樣的規則遊戲。

必勝訣竅：為了讓別人沒辦法順利出牌，必須有效地利用7前後的牌

日本式的玩法當中，最好的手牌是只有1張7前後的牌（例如，只有1張♠6是最理想），並有效地利用3次pass，死守那張牌不出，便能有效控制他人出牌。

另類玩法：pass無限制，XXXXXX

必勝訣竅、另類玩法、小建議

「必勝訣竅」透露贏得遊戲的竅門，「另類玩法」表示其他的玩法，「小建議」提醒一些注意事項。

序章 撲克牌的基礎知識

每個家庭裡多多少少都有一副稀鬆平常的「撲克牌」。可是，真正能把撲克牌玩到上手的朋友，卻不多見。遊戲、魔術、占卜──，本書徹底蒐集整理了許多有關撲克牌的資訊，讓大家重新體驗撲克牌的精湛之處，並活絡各位塵封已久的腦細胞。

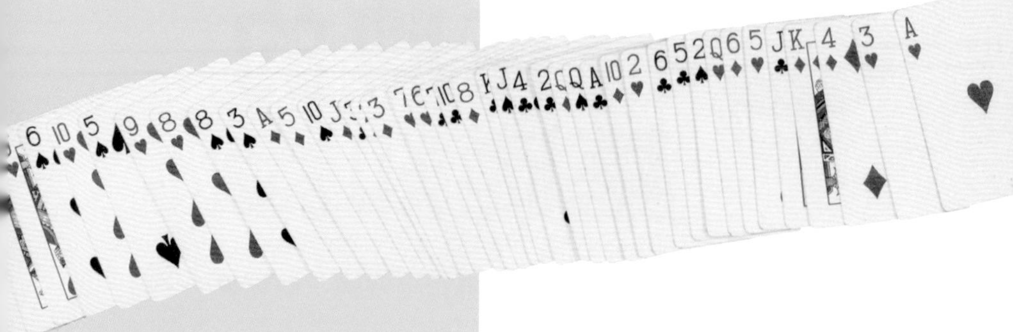

「撲克牌」是“萬能紙牌”

撲克牌遊戲的構成包括有♠♥♦♣的4種花色（組牌），以及A、K、Q、J、10、……2等13張大小點數（數字）的牌，另外還有1～2張的Joker。紙牌的尺寸大小都一樣，背面花樣也相同，因此蓋上牌後，就無法分辨出牌面的大小。

撲克牌的英文是「Playing Card」（「遊戲用紙牌」的意思）。在日本以前稱之為「切札」（王牌），語源來自「大勝利」，是一個非常傳神的命名。

撲克牌最大的魅力在其“普遍性”。不僅止於眾所皆知的撲克牌遊戲，還涵蓋了魔術、占卜和單人遊戲等各式各樣的把戲。不論走到世界哪個角落，只要口袋裡有一副撲克牌，就可以和來自各地的朋友一起享受撲克牌所帶來的，一段超越語言障礙的快樂時光。

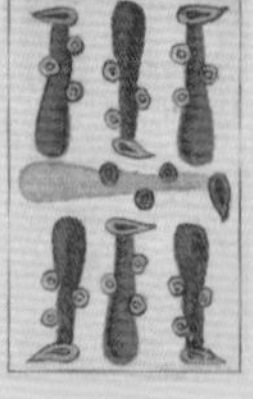

17世紀西班牙的復刻版撲克牌

這副撲克牌是義大利式樣，有40張牌。劍代表♠，聖杯代表♥，金幣代表♦，棒子代表♣。

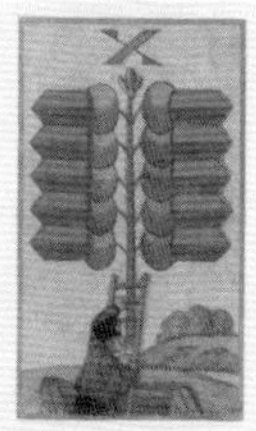
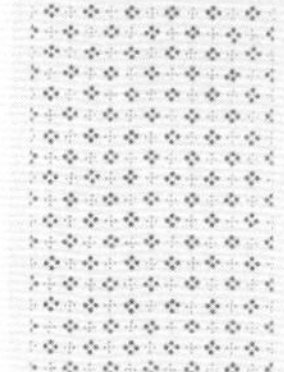

18世紀德國的復刻版撲克牌

德國撲克牌特徵為紙牌張數僅有32張。葉子代表♠，心臟代表♥，鈴鐺代表♦，橡樹子代表♣。

「撲克牌」擁有600年的輝煌歷史

就像其他事物無法查明其淵源一般，撲克牌的起源至今還是一團謎。現在比較確切的說法是，撲克牌的直系祖先發源於14世紀的北義大利地方。

當時的撲克牌比較接近「拉丁式撲克牌」。拉丁式撲克牌遍佈了整個歐洲，後來又發展出以德國為中心的，擁有獨特花色及張數的「日耳曼式撲克牌」。法國又以此為基礎，設計出了當今流傳的♠♥♦♣4種花色的撲克牌。此種「現代撲克牌」經由英國傳到美國，並大量被生產後，快速地傳遞到世界各地的每個角落。

日本方面首先是在16世紀由葡萄牙引進了「南蠻歌留多牌」。到了19世紀就有了現代撲克牌的傳入。南蠻歌留多牌從一開始的「天正歌留多牌」、「花骨牌」，一直演變至現代撲克牌，並在明治初年蔚為風潮。像「搶花牌」、「搶點數」等就屬於日本特有的遊戲。之後，更發展出許多日本重新編制的遊戲，譬如「牌7」、「最後一張」、「拿破崙」、「大富豪」等。

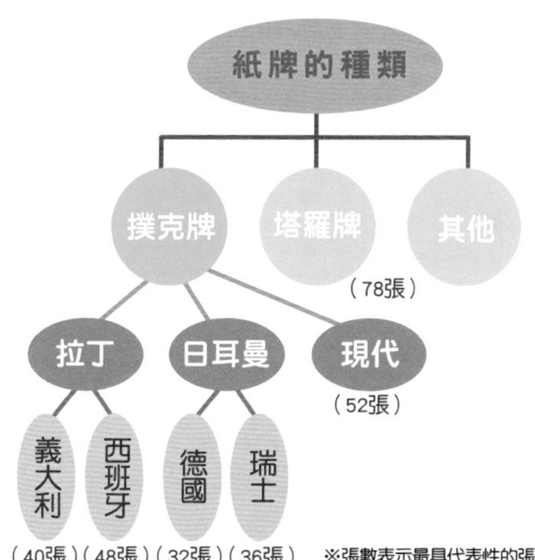

＊紙牌的種類

玩撲克牌之前，先把撲克牌的種類和名稱牢牢記住。從最基本面，「正面」和「背面」、「花牌」和「點牌」的區分開始。

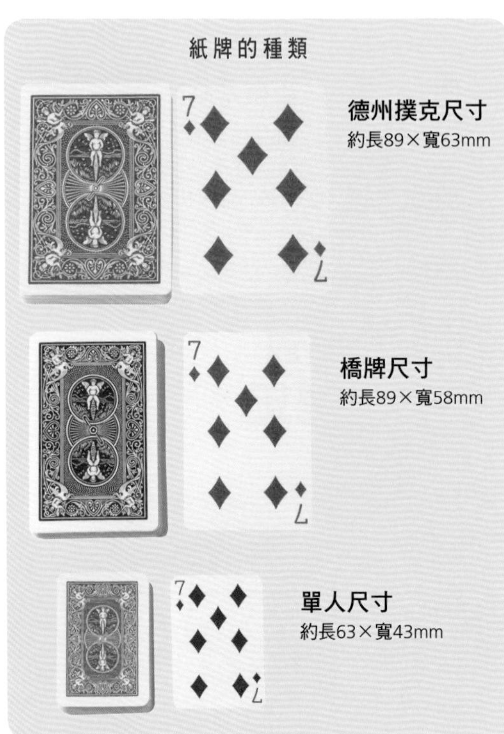

紙牌的種類

紙牌的尺寸有3種。寬度比較寬（63mm）的「德州撲克尺寸」和比較窄（58mm）的「橋牌尺寸」，以及長寬都小一號的，單人遊戲時使用的「單人尺寸」。

德州撲克牌的手牌只有2～5張，因此設計得比較寬。而橋牌的手牌則高達13張，為了好拿起見，縮短了寬度。除了德州撲克，斯克波內（P92～95）之外，其中又以可以用來玩其他各種不同遊戲的橋牌尺寸最為普遍。另外，單人尺寸（獨自遊戲）則是考慮到能在桌面上排出許多紙牌而設計而成的迷你尺寸。

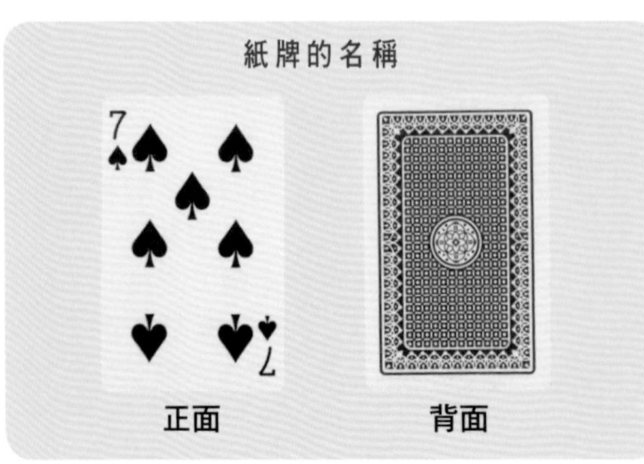

紙牌的名稱

紙牌的「正面」表示數字和花色的一面，「背面」是指有圖案的一面。「蓋牌」表示把背面圖案朝上，「掀牌」則是翻開牌面。

在撲克牌的左上角和右下角之處註有標記，因此只要稍稍打開一角，就可以窺見牌面，非常方便。只是，這種方位的配置只適合右撇子的玩家，左撇子的玩家就不太方便。不過，也有4個角都印有標記的撲克牌。

紙牌的構成

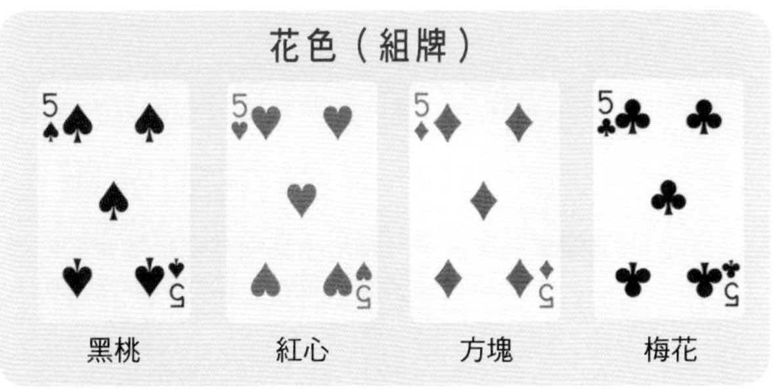

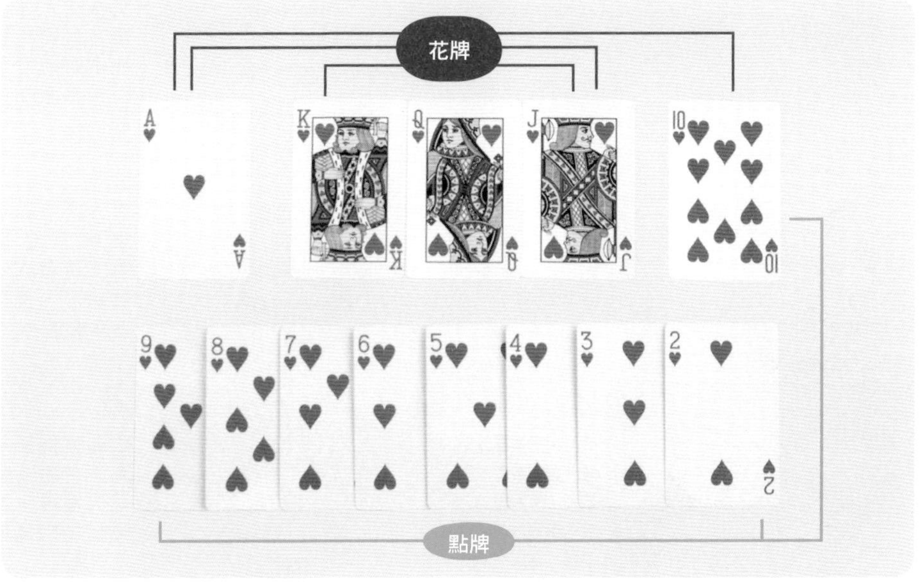

撲克牌是由4種花色（組牌）和13種點數（數字）組合而成，再加上1張以上的Joker。

4種花色是指♠（黑桃）、♥（紅心）、♦（方塊）、♣（梅花），♠和♣是黑色牌，♥和♦是紅色牌。此外，本書把♦標記為「方塊」。有時稱♠和♥為「首要組牌」，稱♦和♣為「次要組牌」。花色本身皆無大小之分，但因遊戲內容之不同，而有所區別。

點數是依照K、Q、J、10、9、8、7、6、5、4、3、2、A的順序來排列，由左到右，越來越小。可是，在很多遊戲當中，A通常是比K大。當然，有些遊戲，也有不同於上述的強弱排列。

Joker在老式遊戲裡不常被利用，但卻廣泛地在新式遊戲和花式遊戲中出現。

點數當中，把2、3、4、5、6、7、8、9、10的9種36張牌，稱之為「點牌」；A、K、Q、J的4種16張牌則稱之為「花牌」。另外，根據遊戲的不同，「花牌」有時不包含A，有時又包含10。

✱ 洗牌

「洗牌」即是切換紙牌的順序。把牌洗得徹底，才能讓參與者無法分辨下一張會出現什麼牌，讓遊戲更為刺激和精彩。

鴿尾式洗牌1

「鴿尾式洗牌」是一種用手指啪啦啪啦地彈撥紙牌，並交互切入的洗牌方式。紙牌彼此磨擦的聲音，聽起來非常吸引人，可以熱絡場子。

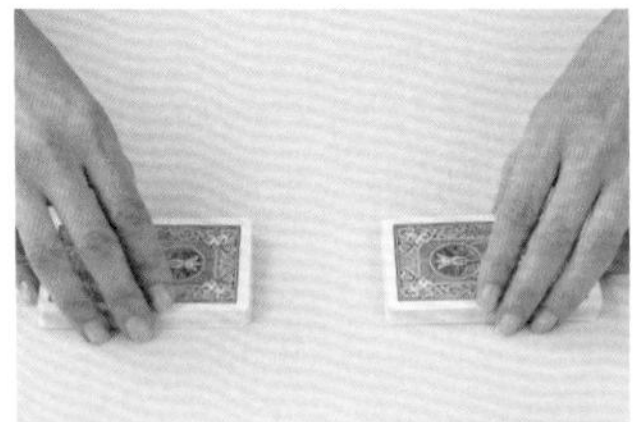

1 把撲克牌大約一分為二，左右手各拿一半。

2 雙手拿好紙牌後，把紙牌側面朝桌面扣一下，弄齊紙牌。

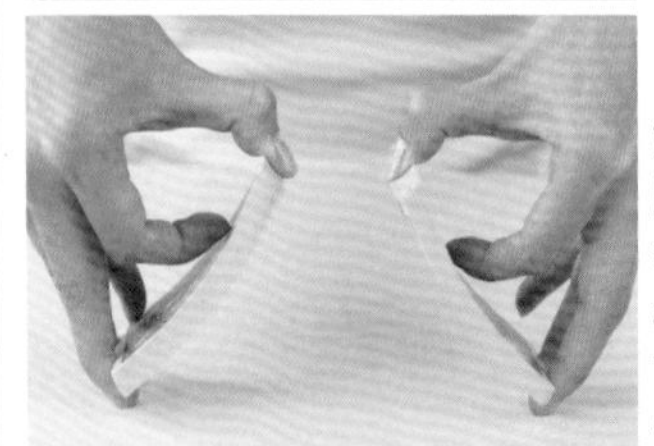

3 雙手大拇指壓住紙牌上端，中指、無名指、小拇指的三根手指則抵住紙牌下端，再用力向外側折成一個弧度。

4 食指稍稍向外推紙牌，同時一點點鬆開壓住紙牌上端的大拇指。

5 紙牌從左右大拇指尖上，啪啦啪啦地滑落而下。注意左右要均等交互切入。

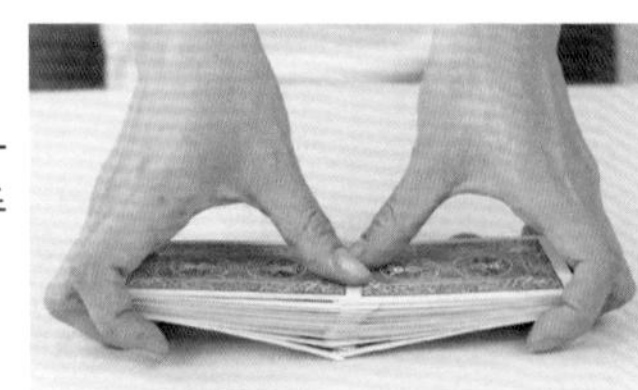

6 全部的紙牌都交互切入完畢後，大拇指壓住紙牌上方，以其他手指抬起紙牌。

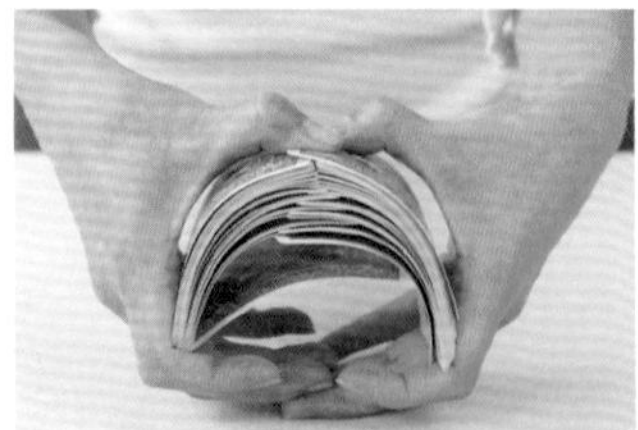

7 用大拇指和手掌固定住紙牌，再做成一個拱形，慢慢使其彎曲。

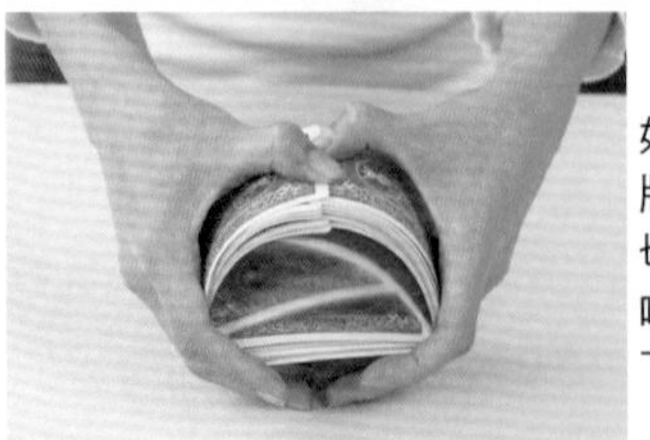

8 如此就能讓紙牌，左右交替切入重疊，並啪啦啪啦地向下滑落。

9 持續這個動作，直到最後一張紙牌落下為止。

10 最後，再把重疊好的紙牌側面，用手指壓平，即完成。

鴿尾式洗牌2

這種洗牌方式是專業的賭場發牌員常用的手法。
為了避免牌面曝光，洗牌時儘量放低紙牌，需要超高難度的技巧。

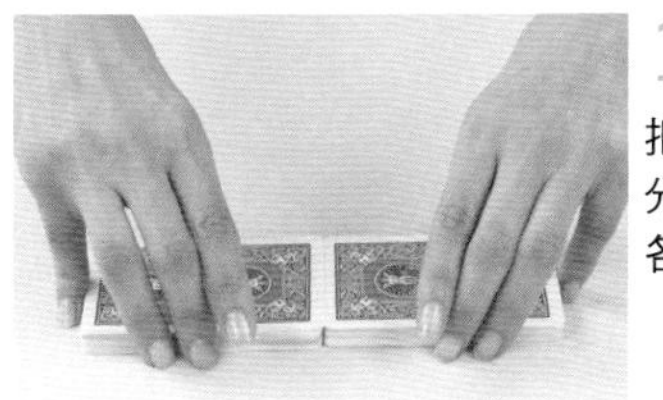

1

把撲克牌大約一分為二，左右手各拿一半。

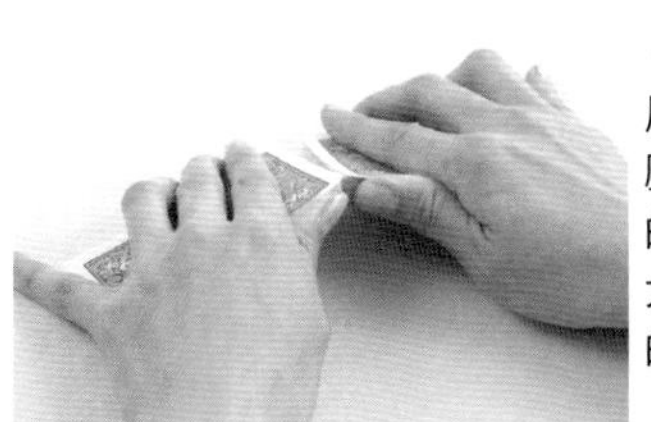

2

用雙手的指頭壓住分成兩半的紙牌，並用大拇指把紙牌的一角翻起。

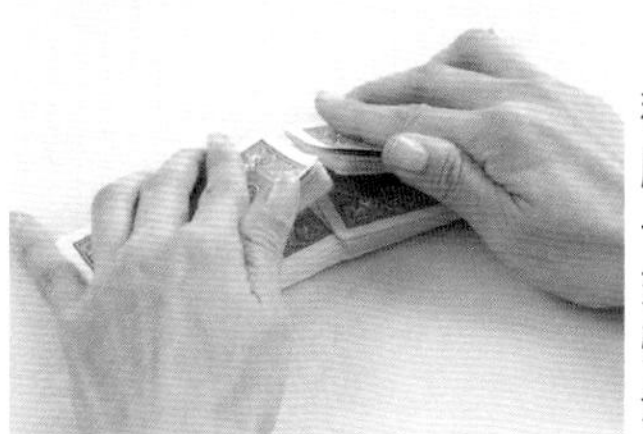

3

稍稍鬆開抵住紙牌一角的拇指，一次大約左右交互切入1～3張，直到紙牌完全滑落。

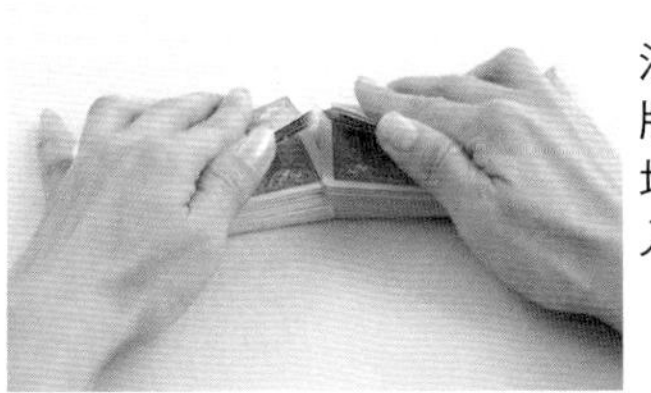

4

注意全部的紙牌，必須左右均等交互切入。

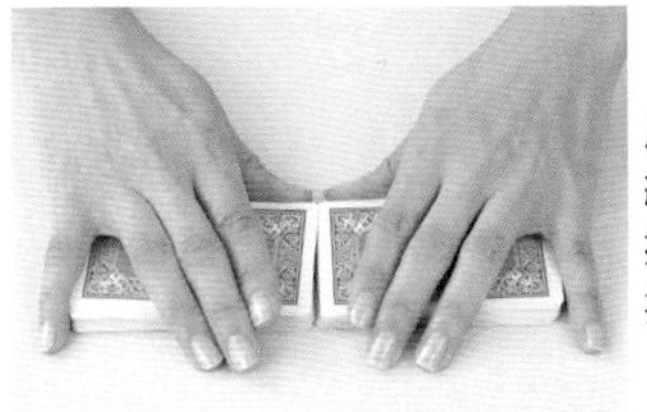

5

用5根手指壓住紙牌，並用小拇指把牌往內推。

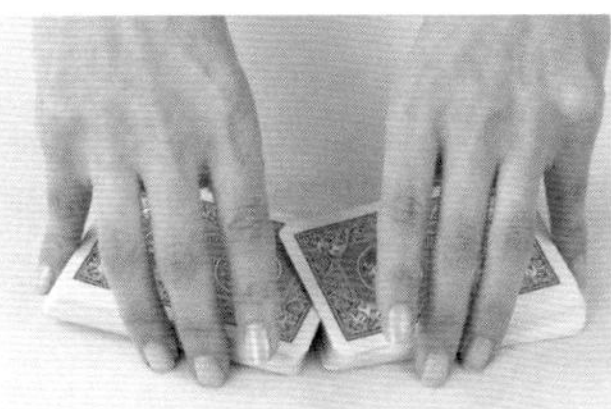

6

用5根手指抓住紙牌，並向內側交互切入，讓左右紙牌重疊。

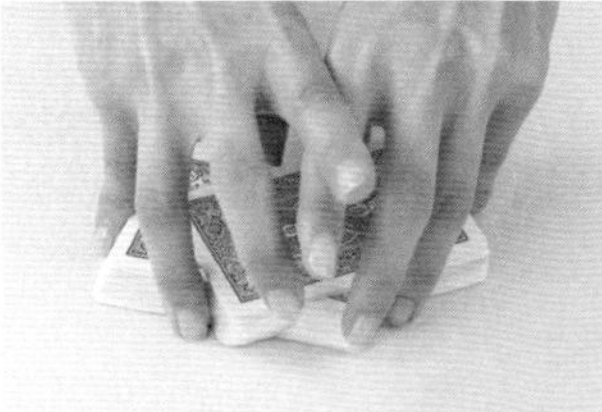

7

交錯左右兩邊的紙牌，當紙牌碰到無名指時，就停住。

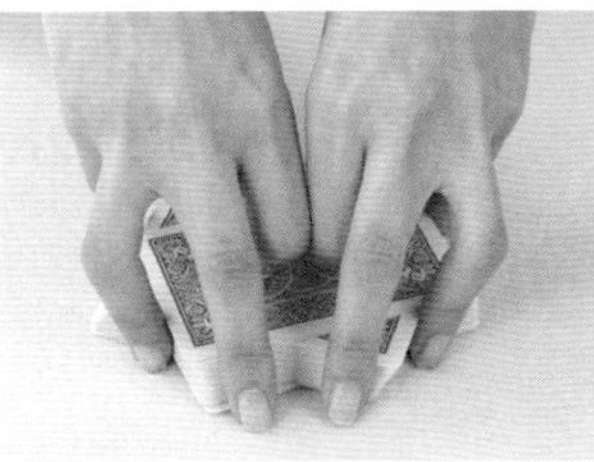

8

交錯後，用中指、無名指、小拇指把突出部分推平。

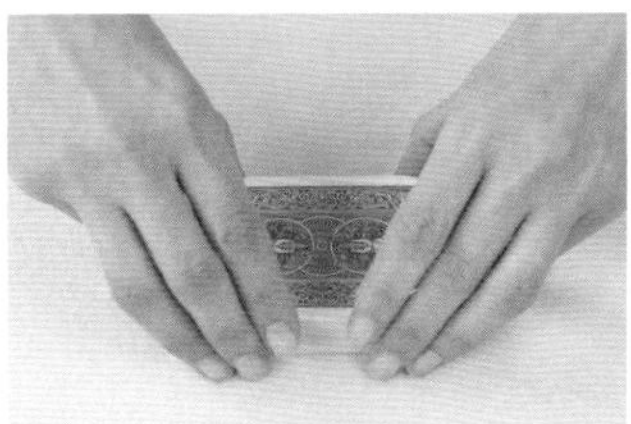

9

再用手指，把紙牌側面的凹凸部分，壓整齊。

10

推整齊後，即完成。

印度洗牌法

「印度洗牌法」是在日本最普遍的洗牌方式。
這是把一疊疊的牌反覆搓牌的洗牌方式，重點是要 把牌洗得徹底。

1
右手手指壓住紙牌周圍，左手的大拇指、中指、無名指抽出紙牌上方。

2
右手從紙牌上方抽牌。

3
抽出的一疊紙牌，重疊在左手剩餘的紙牌上。

4
左手紙牌的上下方各留3～10張左右後，右手從中抽出一疊牌來。

5
牌抽起後，同時左手稍稍鬆手，讓上方紙牌滑落，讓最上面和最下面的牌重疊在一起。

6
右手的紙牌重疊在左手剩餘紙牌的上方。

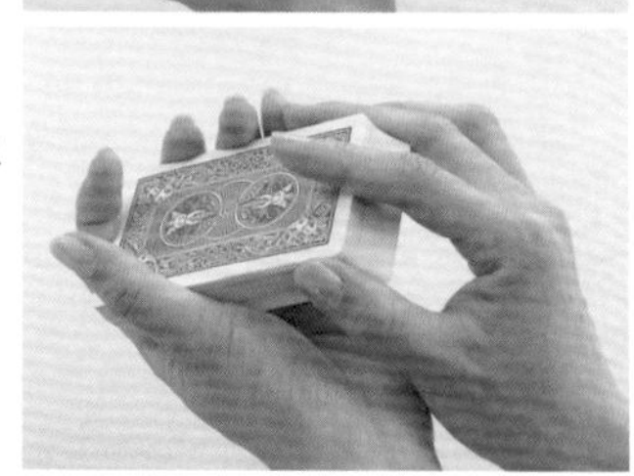

7
再次重複上述動作，直至把牌洗乾淨為止。

層次洗牌法

「層次洗牌法」是專業發牌員的洗牌方式，
基本是和「鴿尾式洗牌法2」併用（開始的2次和最後的1次）。

1

右手指抓住紙牌，左手的大拇指和食指抽出上方幾張（5張以上）紙牌。

2

把右手紙牌往右邊拉出，再重疊到左手紙牌上。

3

右手再從重疊好的紙牌中間，抽出一大疊紙牌。

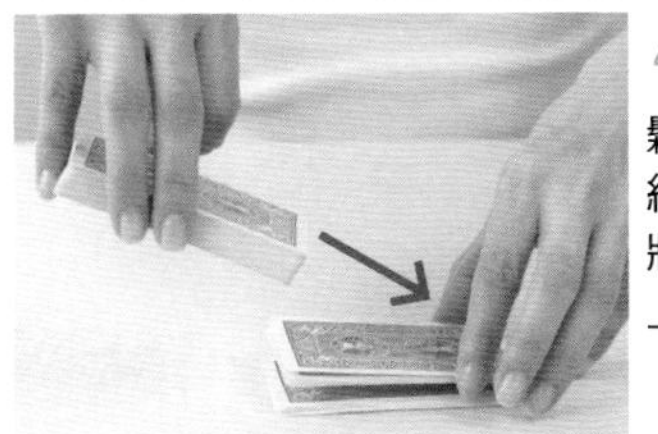

4

鬆開左手，讓紙牌滑落，再將右手紙牌疊上。

5

再重複上述動作，右手再從重疊好的紙牌中間，抽出一大疊紙牌。

6

重複上述動作，不用在意紙牌是否紊亂。

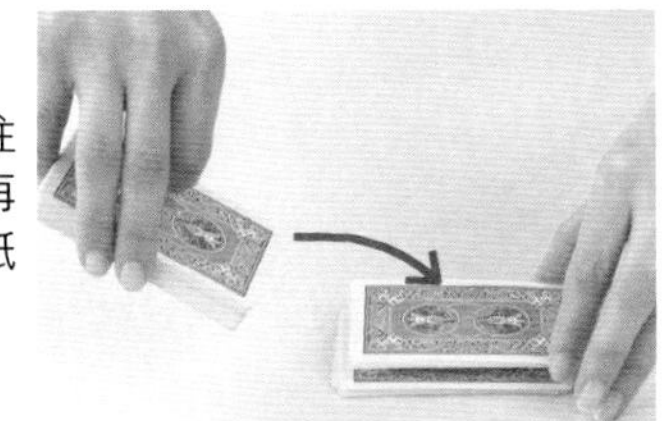

7

抽出紙牌後，鬆開左手，讓紙牌滑落，再將右手紙牌疊上。

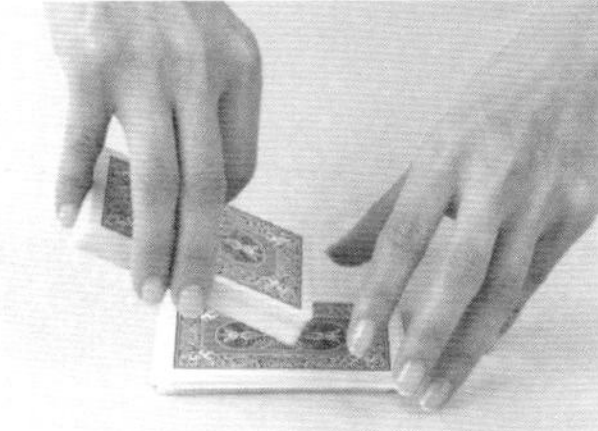

8

重複上述動作5～9次。

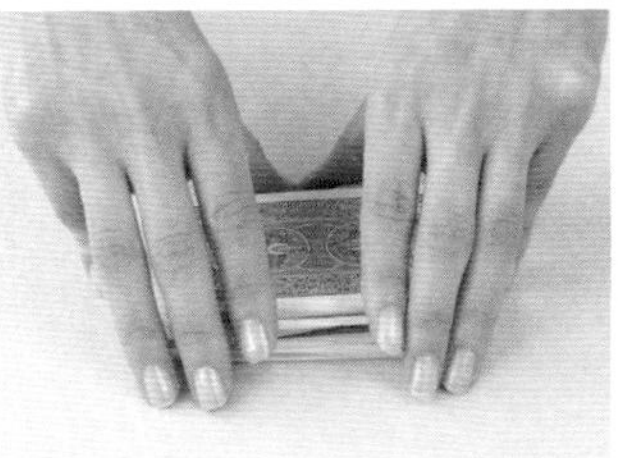

9

洗牌結束後，用手指壓齊紙牌側面的凹凸部分。

10

牌切齊後，即完成。

＊決定「莊家」（dealer）的方式

「莊家」負責洗牌和發牌。遊戲開始前，先決定莊家。

當然也可以用猜拳來決定莊家，不過，最常用的是「抽牌」的方式。

首先，抽掉Joker，把牌洗乾淨。牌面朝下，拉開呈一圓弧狀（稱之為「緞帶展牌」）。再從當中，每個人抽一張牌，並翻成正面。以A、K、Q、J、10、9～3、2的順序，比較大小。如果是同點數（數字）時，依花色♠＞♥＞♦＞♣的順序來判別強弱。抽出牌面最大的玩家就當頭號莊家，並可以選擇喜歡坐的位子。然後，再以牌面大小，依順時鐘方向坐下。

1 用「緞帶展牌」展開紙牌

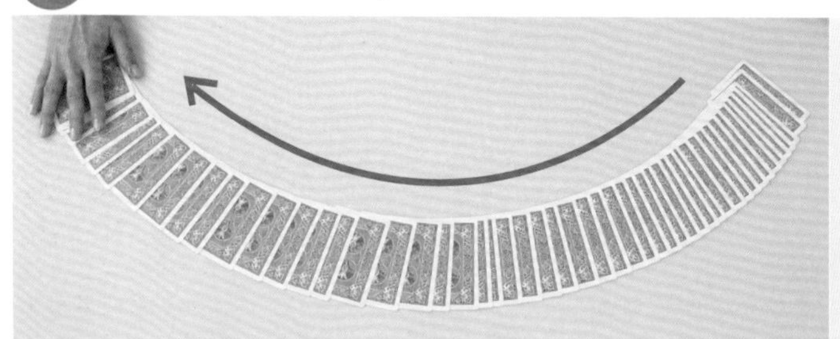

把抽掉Joker後的52張紙牌洗乾淨後，牌面朝下，放在桌面上。單手橫向均勻展開紙牌。

2 1人抽1張牌，翻開牌面後，比較大小

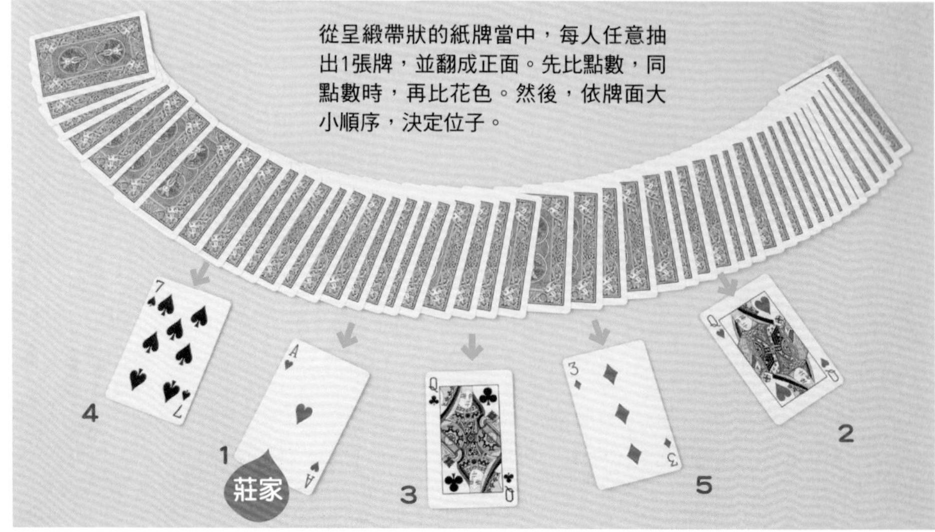

從呈緞帶狀的紙牌當中，每人任意抽出1張牌，並翻成正面。先比點數，同點數時，再比花色。然後，依牌面大小順序，決定位子。

* 切牌的方法

切牌代表一種儀式。為了要證明莊家洗的牌沒有作弊，最好要切牌。

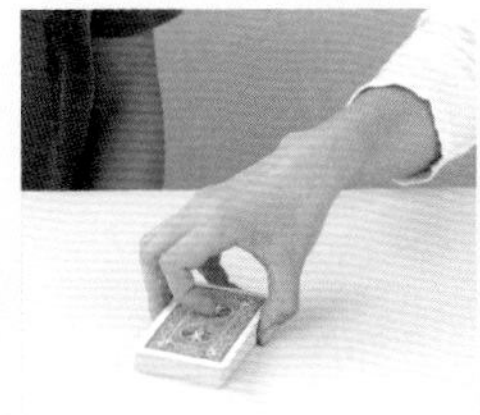

1

莊家洗好牌後，牌面朝下，把整疊牌往右側移動，並示意右側玩家拿牌。

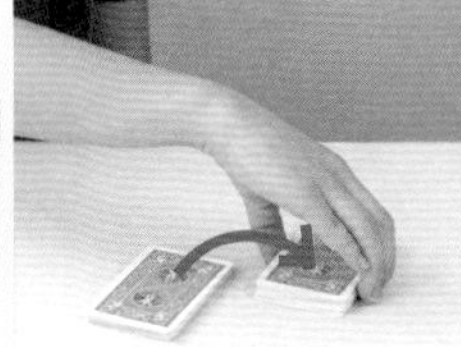

2

莊家右側玩家，取大約一半的牌，放在靠近莊家的桌面上。

3

莊家把剩餘的牌往自己的方向拉，並重疊在靠近自己的牌上。

4

如此，切牌動作完成。切牌後，莊家不能再洗牌，必須開始進行發牌的動作。

其他「切牌」方式

右側玩家，可以僅在牌上輕輕點一下，以代替切牌。這是世界共通，用來省略切牌的方式。

* 發牌的方法

不同的遊戲有不同的發牌方式，請依照規定行事。
以下為一般的發牌方式。

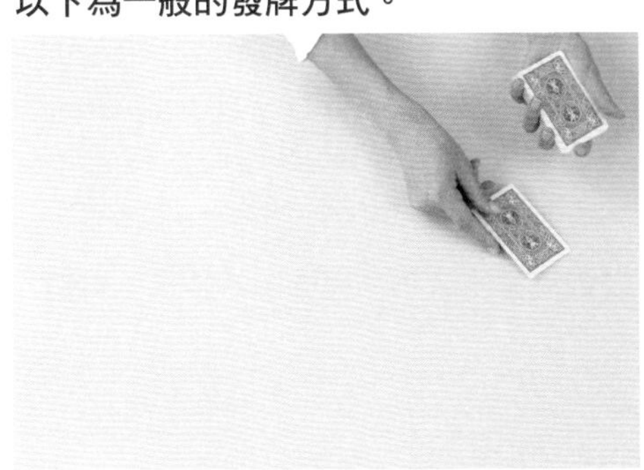

1 切好牌後，莊家從最上面的牌，從左側依順時鐘方向，開始發牌。

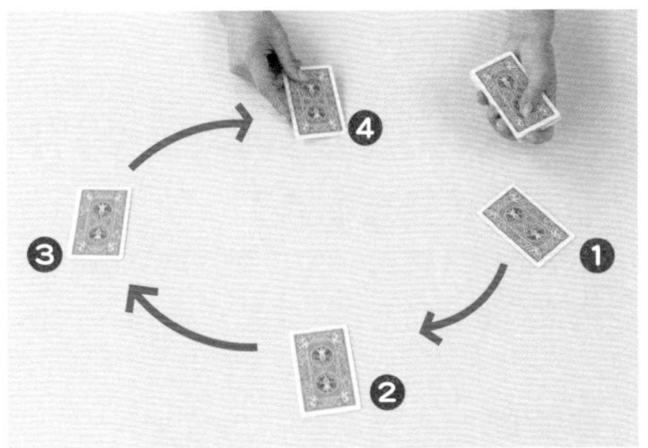

2 第2圈的牌，疊在第1圈的牌上。每家的張數相同時，請注意牌只發到自己為止。

撲克牌的基本用語

有關撲克牌的基本用語，本書依照紙牌名稱、發牌前的準備動作、遊戲進行式、遊戲用語等項目分門別類。邊玩邊記，馬上就能上手。

✱ 紙牌名稱

●花色（組牌）

所謂的組牌就是♠♥♦♣其中1個花色各13張1組的牌。撲克牌中有4組牌。大家也許對組牌這個名稱比較陌生，所以本書就使用「花色」來取代。

根據遊戲規則之不同，有時也會利用花色以示強弱。大小順序，通常為♠＞♥＞♦＞♣，也有例外的情形。

●點數（數字）

A、K、Q、J、10、9、8、7、6、5、4、3、2各有4張。通常以上述的排列方式，表示點數大小。有時根據遊戲規則的不同，也會稍做調整。

●點牌

10、9、8、7、6、5、4、3、2的36張牌。有些遊戲會把10歸類為花牌。

●花牌

通常指的是A、K、Q、J的16張牌。有時花牌也會把10也歸類進來（20張），有時只局限在K、Q、J（12張）。

✱ 發牌前的準備動作

●洗牌（交互切入）

交互切入紙牌。如果牌洗得不夠乾淨，遊戲就會不公平，也變得不好玩（有關洗牌的種類和方式，請參照第16～19頁）。

●切牌

把紙牌大約分成兩半，對調上下位置。切牌在洗牌後，發牌前進行（有關切牌的方法，請參照第21頁）。

✱ 遊戲進行式

●莊家（dealer）

發牌的人。有時也稱贏牌的人為莊家，本書不引用此一說法。

●玩家（player／non-dealer）

莊家以外的參與者。

●遊戲

除了一般所謂的遊戲之外，還有「1回合」的意思。1個「遊戲」在完全分出勝負為止，稱之為「1回合」，亦稱之為「1次遊戲」。

●局（deal）（發牌）

英文deal的原意為「分發」。另外還有一個重要的涵義，就是代表從發牌，開始進行遊戲，到計分為止的一個段落。一般的遊戲大致會重複發牌數次，以總分來決定1次遊戲的勝負。本書用deal時，表示「局」的意思。若是要引用「分發」的意思時，就用「發牌」來敘述。

●輪

在1局裡，有些遊戲會發牌數次。此時「deal」同樣是「局」的意思，其中每一次「發牌」稱之為「輪」（本書應用於「41」（第42頁）和「卡西儂」（第64頁）的遊戲裡。例如在「卡西儂」有4個參與者，一開始和後續的全部加起來，總共發了3次牌，所以就稱之為3輪。）

●出牌（play／turn）

輪到自己出牌的時候。1圈決勝負型的遊戲裡，每人輪流出牌1次，全部人都出完牌了，就稱之為「1圈」。進行幾圈後，手牌用盡時，就稱之為「1局」。在「1次遊戲」進行之前，就先決定要玩幾局（例如，「3圈」的遊戲當中，4次出牌算1圈，13圈算1局，4局算1次遊戲。也就是說，1次遊戲有208次出牌）。

1次遊戲 > 1局 > 1圈 > 1出牌

＊遊戲用語

●牌桌（table）

打出手牌、翻牌、比牌面大小及打出捨棄牌等，在整個遊戲過程中，一個放各種不同牌的平面空間。

●手牌（hand）

發在每個參與者手中的牌，且只有當事人才能看到自己的手牌。

●堆積牌（儲存牌）

很多遊戲當中，在發完手牌後，把剩餘的牌，牌面朝下，堆積成一疊，稱之為「堆積牌」。通常會翻開堆積牌最上面的一張牌，並當做「捨棄牌」的第一張牌。

●捨棄牌

不用的牌，或是被丟掉的牌。「捨棄牌」有2個重要的用法。

一個是丟棄從堆積牌抽回來的牌，或是和手牌交換後，決定不要的牌。把此牌翻成正面，並丟棄在堆積牌的旁邊。

另一個是，在1圈決勝負型的遊戲裡，必須打出和領頭（打出的第一張牌）同花色的牌，當手牌裡沒有同花色牌時，可以用其他的花色來替代。此時，稱之為「捨棄牌」，是1張沒有勝算的牌。

●桌牌

不是指堆積牌、手牌、捨棄牌，是指在牌桌上正在進行遊戲的紙牌。

●王牌

有時會指定其中一種花色（同一組牌的全部紙牌）為王牌，比任何其他的花色都來得強。這種強勢花色的紙牌，全部都被稱為「王牌」。同樣一張牌，通常也許就被當成捨棄牌，輸了遊戲，可是，如果搖身一變，成了王牌，就能立即轉敗為勝。

●無王牌

沒有王牌的意思。在無王牌的1圈決勝負型的遊戲裡，領頭的花色，就無條件成為最強的花色。

●領頭

被指定最先出牌的人，從手牌中打出的第一張牌。

●圈

領頭打出後，其他參與者也從手牌中打出1張牌，稱之為1圈牌。在這1圈牌中，打出牌面最強的人，便贏得這1圈牌。

●連續牌

一組連續的數字。通常泛指同花色，3張以上的牌。在德州撲克牌遊戲當中，稱5張連續牌為「順子」。

A有A・K・Q或A・2・3的連續牌，但是沒有K・A・2。也有些遊戲不承認A・K・Q的連續牌。

連續牌

●脫手

把手牌全部打完。

＊其他

●籌碼

代表點數的替代物品。沒有籌碼時，也可以用迴紋針或火柴棒來代替。籌碼可以在文具店買得到，最好是準備一組比較方便。特別是在「德州撲克」時，需要用到籌碼。

籌碼單位為，白色代表1點，紅色代表5點，藍色代表10點，黃色代表50點（或是藍色代表25點，黃色代表100點）。點數並不一定，可以根據遊戲內容而改變籌碼大小。

上段是賭場專用籌碼，中段是高檔籌碼，下段是簡易籌碼。家庭用簡易籌碼即可。

撲克牌遊戲

手上一副牌，任何時間，任何地點都可以玩得非常開心的「撲克牌遊戲」。
兄弟姐妹，全家上下，呼朋喚友，大家一起來——
不限人數，從小孩到大人，都能玩得盡興。
網羅世界各地，34種十分有趣的遊戲，謹呈現給讀者們。

How Amusing!

遊戲的

5 個禮儀

1. 牌還沒發完時，不能看自己的手牌。
2. 不偷看別人的牌，也不刻意讓別人看到自己的牌。
3. 不考慮太久，不讓遊戲中斷。
4. 不必太在意輸贏，不自暴自棄。
5. 退場後，不給意見也不插嘴。

◆最佳人數 5～6人（3～8人也OK）

抽鬼牌（Old Maid）

老少咸宜的遊戲

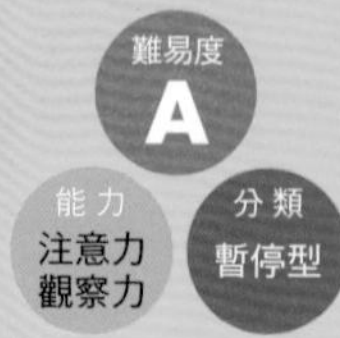

使用紙牌 53張牌（1副52張＋鬼牌1張）（或除去1張Q，共51張牌）

遊戲的勝負

最早出完牌的人最勝利。再按照出完牌的順序，依次退場。最後剩下的人，最輸。

遊戲開始

發牌方式

莊家（dealer，參照第23頁）依順時鐘方向，從左側開始發牌，1人1次1張，把牌發完為止。有人多拿1張牌也沒關係。

1 START

把手牌（參照第24頁）當中，同點數（數字，參照第22頁）的1對牌[例如：6和6、Q和Q等]抽出來，並丟到牌桌（參考第24頁）上。不論任何花色（組牌，參照第22頁）都可以配成1對。另外，即使有3張相同的牌，也只能選擇其中2張。若有4張相同的牌，4張牌都可以一併抽掉。

2

莊家左手邊的人把手牌展開成扇型，讓其左邊的人從中抽1張牌。抽牌的人，把抽進來的牌和手牌做配對的動作，如果有成對的牌[圖中的♦3和♣3]，即抽出，丟在牌桌上（如果沒有成對的牌，就放入手牌當中）。同樣的，再讓其左手邊的人抽手牌。依順時鐘方向，重複上述動作。

3 FINISH!

手牌愈早沒有的人，贏牌。贏牌的人（參照第23頁）可以先退場，其他的人繼續玩下去。最後還有手牌的人，輸牌。除了Joker以外，都可以配對，也就是說，最後拿到Joker的人，是最輸的玩家。因此，這個遊戲稱Joker為「鬼牌」。

●手牌沒有的打法

手牌殆盡的情形有2種。1種是最後1張牌被上一家抽光時，還有另外1種是抽進來的牌和手中最後1張牌配對成功時。如果是被抽光牌的情況，被抽光牌的左側的人的手牌，要讓下一個左側的人抽，然後再繼續進行遊戲。

必勝訣竅　洞悉對方的個性和習性，並隱藏自己的策略

知道對方的個性和習性，才能贏得這場遊戲。反之，藏住自己的策略也是很重要的關鍵。抽到的牌和手牌不能配成對時，也不要馬上放入手牌的最邊緣處，最好先混牌後，再讓對方抽牌。

另類玩法

Q牌用3張，一共51張

有些撲克牌遊戲不用Joker，可以用抽掉1張Q牌，51張牌的方式，來替代不用Joker。此時，Q有3張，也可以配成一對，因此不能完全算是壞牌。成對之後，剩下的第3張Q即被稱之為「鬼牌（Old Maid）」。

◆最佳人數 4～5人（3～7人也OK）

牌七（Fantan）

最適合幫助記住撲克牌順序的遊戲

難易度 A

能力 運氣 作戰力

分類 暫停型

使用紙牌 1副52張牌（除去Joker）

其他 需要人數乘以3倍的籌碼（用紙記也OK）

遊戲的勝負

最早出完手牌的人，最贏。如果沒牌可出，被逼的不得不退場的人，則輸牌。

遊戲開始

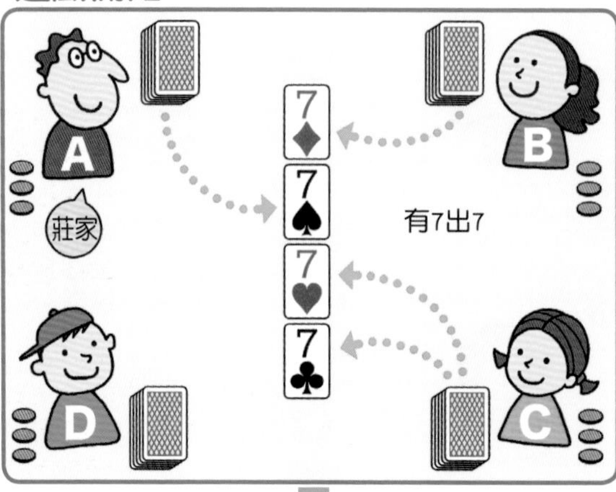

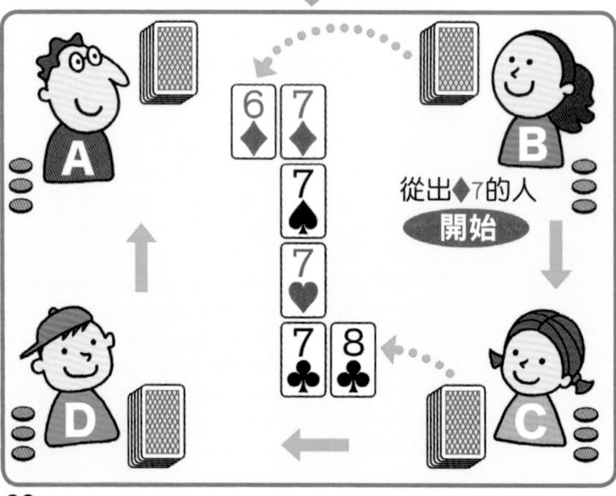

發牌方式＆排列方式

先每一個人發3個籌碼（參照第25頁）。莊家（dealer）依順時鐘方向，從左側開始發牌，並把牌發完。有人多拿1張牌也沒關係。

1 START

把手牌中的7，全打出來。如圖所示，排上牌桌　（參照第24頁）。花色（組牌）的排列順序沒有任何規定，可是紅黑相間會比較容易分辨。

2

從出◆7的人開始出牌。手牌中如果有[6或8]，只要同花色，就可以接上7。然後，左側的人也可以出別的花色的同點牌，或是上一家出的牌的隔壁點數，只要花色相同[例如8的隔壁點數是9]。規則就是以7為中心，向兩側展開下去。

3

10接下來是J，然後是Q和K。同樣的，3接下來是2，然後是終點A。如果手牌中沒有可以出的牌，就喊「pass」，並拿出1個籌碼。每個人只有3個籌碼，因此最多只能喊3次pass。手上已“沒牌可出”，必須喊第4次pass時，只好出局，並把手牌全部排在牌桌上。

4 FINISH!

出局的人的手牌有♥4，即使桌牌沒有♥5，也先空出♥5的位置，再把♥4先排上去。之後，有人出♥5後，就可以出♥3。因此喊pass不超過3次，手牌最先出完的人，最贏。

繼續玩下1局（deal）時，每家再拿回3個籌碼，並且莊家換成上1局莊家左側的人當。接著，由新莊家開始發牌，繼續進行同樣的規則遊戲。

必勝訣竅 為了讓別人沒辦法順利出牌，必須有效地利用7前後的牌

日本式的玩法當中，最好的手牌是只有1張7前後的牌（例如，只有1張♠6是最理想），並有效地利用3次pass，死守那張牌不出，便能有效控制他人出牌。

另類玩法

pass無限制，有牌就要出

原始玩法為，可以不斷的喊pass，只是有牌可出時，不能喊pass。一開始每個人發50個籌碼，每pass 1次時，拿出1個籌碼。最贏的人，可以拿回pass過的全部籌碼，還有其他人要再交出和剩餘手牌張數相當的籌碼出來。只要其中1個玩家把牌出盡了，遊戲就此結束。

◆最佳人數 4～5人（2～8人也OK）

神經衰弱（Concentration）

冷靜和記憶力是勝利的關鍵

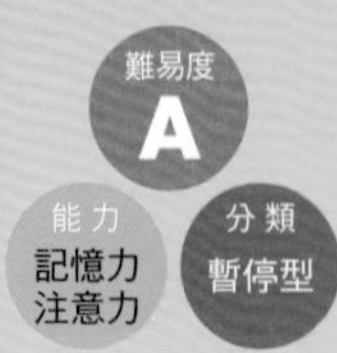

使用紙牌 **1副52張牌（除去Joker）**

遊戲的勝負

牌收集最多的人，贏牌。

遊戲開始

發牌方式

不發牌，牌面全部朝下，並展開在牌桌上。注意不要讓2張牌重疊在一起。

1 START

從莊家（dealer）左側的人開始進行遊戲。輪到自己（參照第23頁）時，先翻開1張，讓全部的人都看得到。接著，再翻開一張，也秀給大家看。

2

翻開的2張牌，如果是不同點數（數字）時，再把牌翻成背面，然後換左側的玩家。若是同點數（例如8和8、J和J），就可以把2張牌收回來，算做自己的得分。然後，再繼續翻開下2張牌，並確認是否為同點數。

3

如果翻開的2張牌，非同點數時，再把牌蓋回去，換左側的下一家進行遊戲。

4 FINISH!

重複上述玩法，直到桌牌全被拿光為止。最後拿的牌愈多的人，贏牌。

必勝訣竅 用自己最容易記的方式，牢記牌的位置

從離自己近的地方開始翻牌，或是用自己比較容易記住的方式來翻牌，這樣會比較有效率。還有，先翻開比較不確定的牌，然後再翻有把握的牌，如此可以提高勝算。

另類玩法

湊到4張才能拿牌

也有不湊到4張不能拿牌的遊戲規則，難度更高。翻開2張同點後，再翻第3張，也相同後，才能翻第4張。4張要全部同點數，才能成為1組，並拿回來，之後再繼續翻開下一次的2張牌。

◆最佳人數 4～5人（3～7人也OK）

1234（Donky）

瞬間反應是勝利的關鍵

使用紙牌 **參與者的4倍（如果是5人，就用A、2～5各4張）。即準備參與者份數的1組4張同點牌（任何數字都可以）組。**

其他 **比總參與者份數少1個籌碼（用彈珠也可以）計分表**

遊戲的勝負
湊齊同點數（數字）的4張牌，就可以拿回籌碼。

遊戲開始

發牌方式

莊家（dealer）依順時鐘方向，從左側開始發牌，1人1次1張，每人發4張。

1 START

首先，放少許的籌碼在牌桌上後，全部的人先查看自己的手牌（如果手中有4張同點牌，即可拿回桌上的籌碼）。再從手牌中選出1張牌，牌面朝下，然後，大家一起喊「1、2、3！」的同時，把牌放在右側的人容易拿到的地方。

2

每個人，馬上拿起左側來的牌，放進手牌裡，並確認。如果有4張同點牌，就可以拿回牌桌上的籌碼。沒人拿籌碼時，再從自己的手牌中選出1張牌，一起喊「1、2、3！」的同時，把牌交給右側的人。

3 FINISH!

4張手牌如果全是同點數，就可以拿回桌上的籌碼。只要誰拿走了中間的籌碼，其他的人不管有沒有4張同點牌，也可以搶剩下來的籌碼。預先準備的籌碼比參與者少一個，所以一定有一個人是拿不到籌碼的。沒拿到籌碼的人，就輸牌。然後，第一個拿到籌碼的人，把牌翻給其他人確認，以示證明。如果根本不是同點數時，就算此人輸牌。

4

輸的人，在計分表上，記上「1」，再進行下一局的遊戲（參照第23頁）。籌碼再放回中央，牌洗好（參照第22頁）後，再重新發牌。

同一個玩家，第1次拿不到籌碼，記上「1」，第2次拿不到，記「2」，第4次再拿不到，就變成了「1234」，就表示這個玩家是這場遊戲的大輸家，而遊戲也閉幕。

必勝訣竅 **注意力集中在他人的舉動上，而不是湊4張同點牌**

必須非常時時刻刻注意他人的一舉一動。有時候（如果行有餘力的話）也可以假裝去拿籌碼，以便牽制他人的動作。

小建議

也可以用「DONKY」來替代「1234」。此時，因為是5個英文字母，誰輸了5次，就結束遊戲。

◆僅限2人

戰爭（War）

最適合用來記憶點數（數字）

使用紙牌 **1副52張牌（除去Joker）**

紙牌大小 **大小順序為A>K>Q>J>10>9>8>7>6>5>4>3>2>（A）。A只比2小，K只比A小。Q比A和K小，J比A和K和Q小。總之，除了2以外，左邊的牌大於右邊的牌。**

遊戲的勝負

拿完對方牌的人，贏牌。也可以事先決定遊戲時間，時間一到，就遊戲結束，手牌愈多的人，則贏牌。

遊戲開始

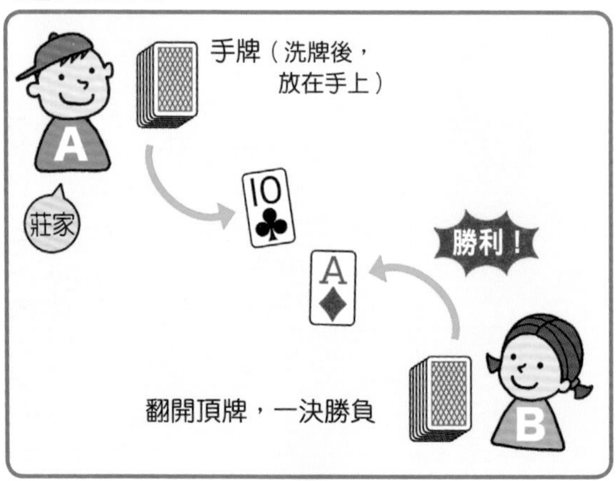

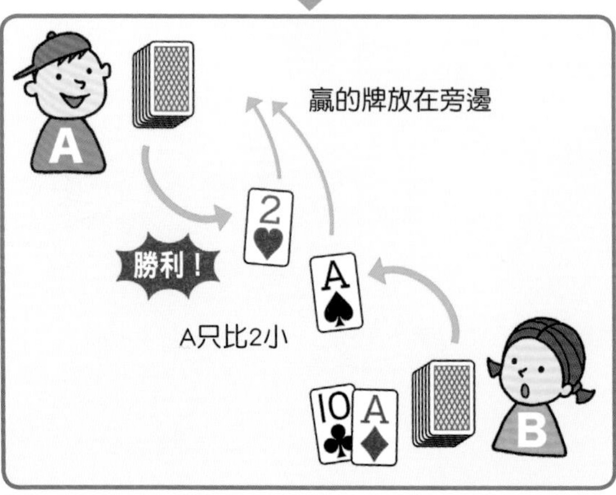

發牌方式

隨意決定莊家（dealer），1人1次發1張牌，每人發26張。

1 START

洗牌時，不能看自己手中的牌，牌洗好後，牌面朝下，放在手裡（稱之為「手牌」）。然後一起翻開頂牌，並同時打出，馬上決勝負。

2

2張牌中，牌面比較大的牌，贏牌。勝負決定後，贏的人就拿回牌面朝上的2張牌。

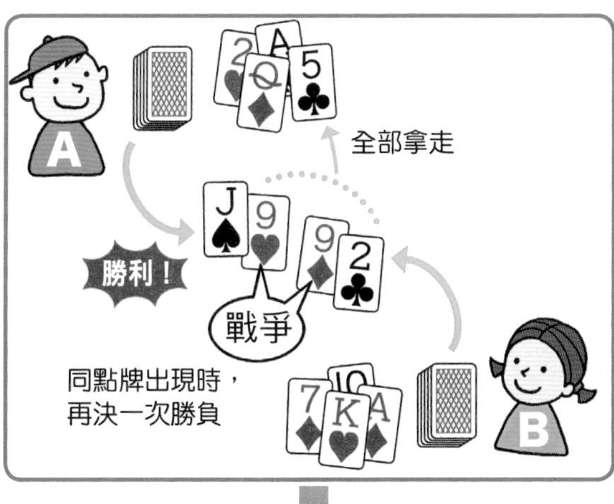

3

如果出現[像9和9、Q和Q]的同點（數字）牌，就要再翻1張牌來決定勝負，贏的人即可以拿回4張牌，並稱此為「戰爭」。又再出現同點牌（「戰爭」持續展開），再繼續翻牌，直到可以一分勝負為止。

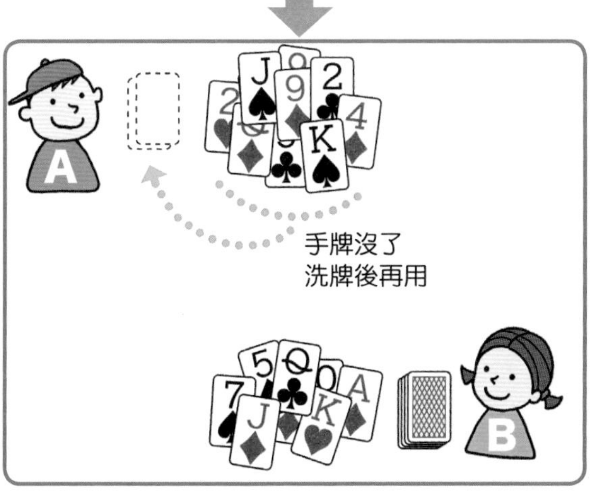

4 FINISH!

手牌用盡後，把贏來的牌，再重新洗一次，當做手牌，繼續玩下去。誰搶光了對方所有的牌，就贏得勝利。這個遊戲，比想像的還花時間，最好先決定遊戲時間，在時間範圍內，拿牌最多的人，贏牌。

必勝訣竅 不用作戰能力和拉鋸戰，靠的只是運氣而已

100%靠運氣的遊戲，沒有任何技巧可言。對手如果是小朋友，就偷偷的讓他多拿一些花牌，當他贏得勝利時，可就特別開心了。

另類玩法

發生「戰爭」時，中間多夾雜1張蓋牌

「戰爭」的情形發生時，先出1張牌面朝下的牌，然後再翻開下1張牌，並以這張牌來決勝負。這樣的玩法，搞不好可以用小牌釣回大牌，讓遊戲更緊張，更刺激。

◆最佳人數 4～5人（3～8人也OK）

吹牛（I doubt it）

最適合幫助記住撲克牌順序的遊戲

難易度 A
能力 記憶力 拉鋸戰
分類 暫停型

使用紙牌 1副52張牌（除去Joker）

紙牌大小 紙牌無大小之分，但有1、2、3…13、1、2…的順序之分。A：1，J：11，Q：12，K：13

遊戲的勝負
最早出完牌的人，最贏。

遊戲開始

發牌方式

莊家（dealer）依順時鐘方向，從左側開始發牌，1人1次1張，把牌發完為止。有人多拿1張牌也沒關係。

1 START

莊家左側的人開始喊「1」，並從手牌中拿出1張以上的牌，牌面朝下，放在牌桌上。然後，依順時鐘方向，一邊喊著「2」「3」「4」，一邊打出蓋牌。「10」之後是「11」「12」「13」，「13」之後回到「1」。禁止用pass。

2

任何人出完牌後，誰都可以喊「吹牛」來質疑牌的真偽。翻開被喊「吹牛」的牌，確認是否為出牌的人所喊的點數。例如，喊的是「8」，出的牌卻是「6」，東窗事發後，出「6」的人，必須把牌桌上所有的牌全部收回。如果真是「8」，喊「吹牛」的人就必須收回全部的牌。

3

一次可以出數張牌。被喊「吹牛」後，翻開牌時，只要其中有1張牌和喊的點數不同，出牌的人就必須把桌牌全數收下。

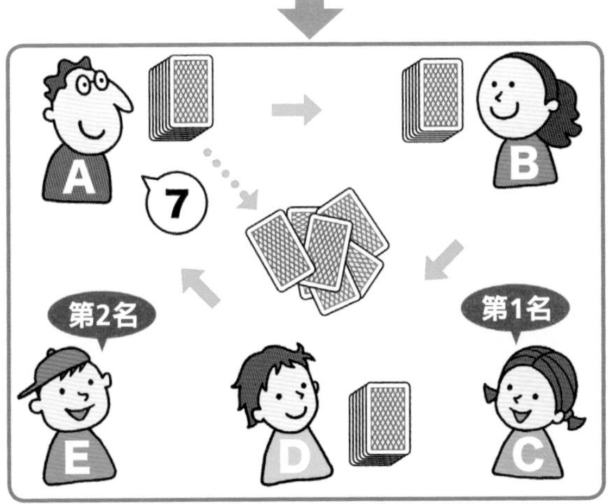

4 FINISH!

手牌最快沒有的人（若最後的牌，被喊「吹牛」時，並且真的是「吹牛」的話，就不能算是脫手（參照第25頁）贏牌。依手牌出完的先後次序，排贏牌順位。注意，有人退出遊戲時，輪流喊的數字會遞補而上。

必勝訣竅 先處理掉可能不會輪到的數字

喊的數字是依照順序輪替的，所以可以事先算出輪到自己時的數字為何。例如，參與者有6家，喊A的人，下一次就是喊7，接下來是K、6、Q、5、J、4…。先處理掉不會輪到的數字，才能提高勝算。

小建議

人數變少後，就比較不好玩。大概最後剩下3個人，就可以把遊戲結束。

◆最佳人數 4人（2～6人也OK）

最後一張

日本獨創的懷古遊戲

使用紙牌 1副52張牌（除去Joker）

紙牌大小 大小順序為A＞K＞Q＞J＞10＞～＞2

遊戲的勝負

最早出完手牌的人，最贏。

發牌方式

莊家（dealer）依順時鐘方向，從左側開始發牌，1人1次1張，每人發4張。剩餘牌當做堆積牌（參照第24頁），放在桌牌中央。

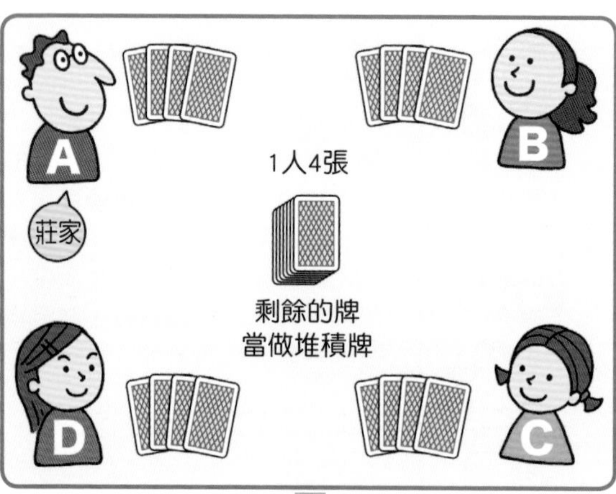

遊戲開始

1 START

從莊家左側的人開始，由手牌中任意出1張牌。稱之為「領頭」（參照第25頁）。之後，依順時鐘方向，必須打出與頭家相同花色（組牌）的牌。例如，頭家出的是♥，接下來的人就必須出♥。全部人各打出1張牌後（這些牌都成為捨棄牌），其中牌面最大的玩家，就當下次領頭。

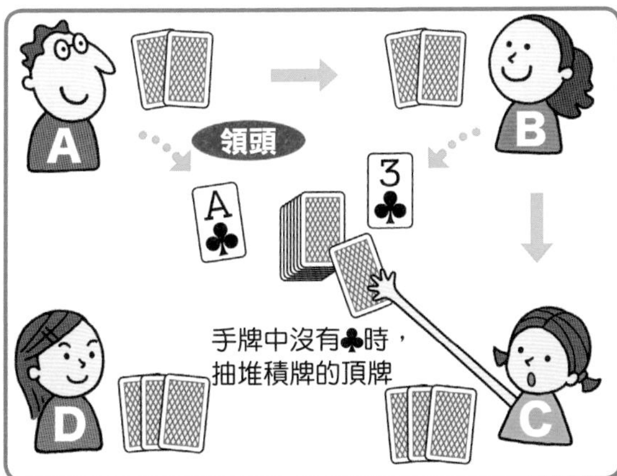

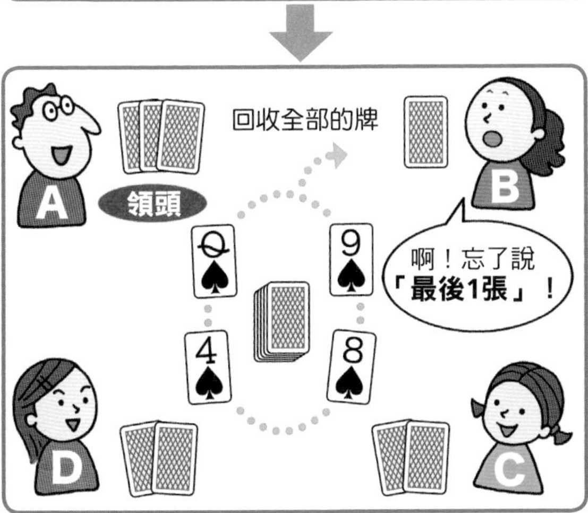

2

如果沒有和領頭同花色的牌，就抽堆積牌的頂牌。抽到的牌和領頭出的牌花色相同時，即可打出，若不是，再繼續抽下1張牌。堆積牌抽完了，也沒有手牌可出時，就必須回收所有牌桌上出過的牌。而下一次的領頭還是同一人。

以後，只要是沒有堆積牌，又沒有和頭家同花色的牌，就必須回收所有牌桌上出過的牌。只要有人回收所有牌桌上出過的牌，下一次的領頭就還是同一人。

3 FINISH!

打出最後一張牌的人，就算脫手。注意，出倒數第2張牌時，必須喊「最後1張」。如果忘了喊，就必須把此次大家打出的牌（人數份）全部收回來。此時也是打出牌面最大的人，就當下一次的領頭。堆積牌拿完後，此次的領頭也是下一次的領頭。

必勝訣竅 先出手牌中花色最多，點數最小的牌

先出手牌中花色最多，點數最小的牌。還有，千萬不要忘記喊「最後1張」。

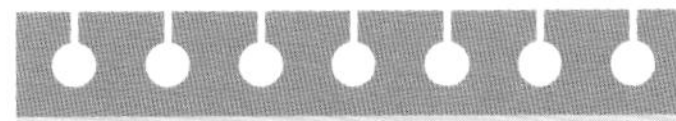

小建議

遊戲是禁止有牌卻不出，還刻意去拿堆積牌，或是從堆積牌抽的牌，明明可以出牌，卻暗藏不出牌。

◆僅限2人

41（Forty one）

雙雙入迷的加法遊戲

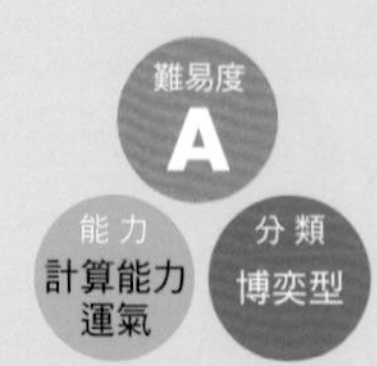

使用紙牌	**1副52張牌（除去Joker）**
紙牌點數	**A：1，點牌：牌面點數，J：-1（負1），Q：0，K：與上1張牌同點數**
其他	**籌碼大約60個**

★這個遊戲，1局發4次牌。每1次稱為1輪牌。即1局有4輪。

遊戲的勝負

4局結束後，籌碼拿最多的人，贏牌。要拿到籌碼的方式為，加上自己出的牌之後，總合為1、11、21、31、41時，還有讓對方喊pass時。

A
莊家
每人發6張牌後，再翻開1張牌
起牌
9
堆積牌
籌碼堆
B

發牌方式

莊家（dealer）發給對方，1人1次1張，共6張牌。然後翻下1張牌（即第13張・稱之為「起牌」），並放在靠近中央略左的位置。籌碼放在牌桌一角（稱之為「籌碼堆」，每得分一次，就可以從籌碼堆拿1個籌碼。

1

剩牌放在一旁，稱之為堆積牌，留到下1輪（參照第23頁）再使用。

遊戲開始

2 START

從莊家對家開始進行（當起牌是A時，莊家可以馬上拿回1個籌碼，接著輪對家出牌）。進行方式是，喊出上家說的數字和自己要出的牌的總合。例如，起牌是9，自己出的是7，就喊總合的「16」。接著，若莊家出5，莊家就必須喊「21」。

3

當加上自己出的牌的總合為1，11，21，31的任一數字時，就可以從籌碼堆中拿回1個籌碼。如果是41，就可以拿回2個籌碼。

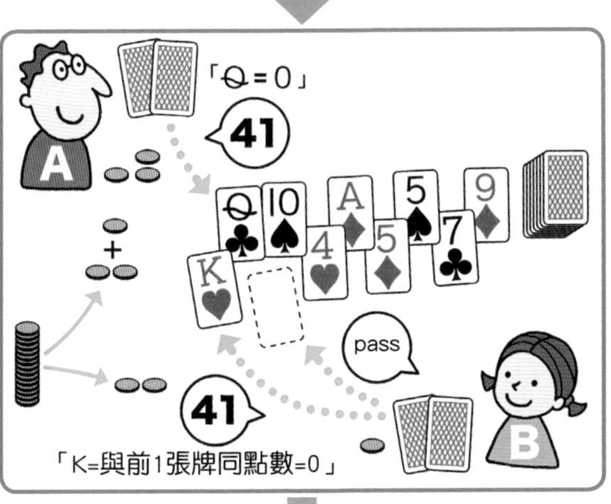

4

不能出總合超出41的牌。沒有牌，就pass。有牌出，就必須出牌，不能pass。對家一喊pass，就可以拿回1個籌碼（但是，最後1次pass，不用給籌碼）。Q是0，當總合是41時，也可以出Q牌。在Q之後，還可以再出K，因為前1張牌是0，所以可以出K。

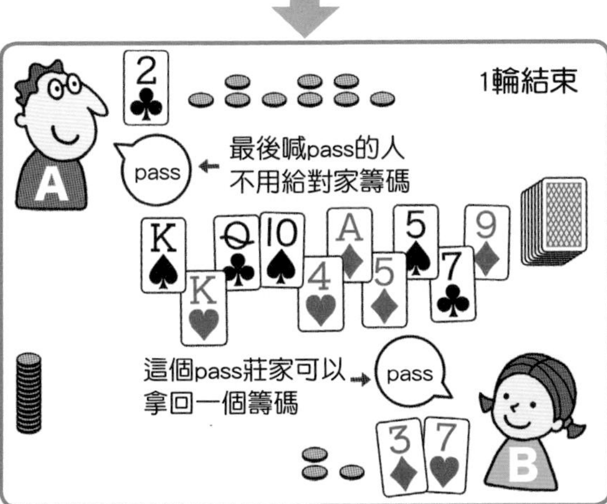

5

如果2家都pass，都沒牌出時，就表示這1輪結束了。然後，把手牌翻開，和已經出過的牌，一併撤開。如此，每1輪各用13張牌。

第4輪

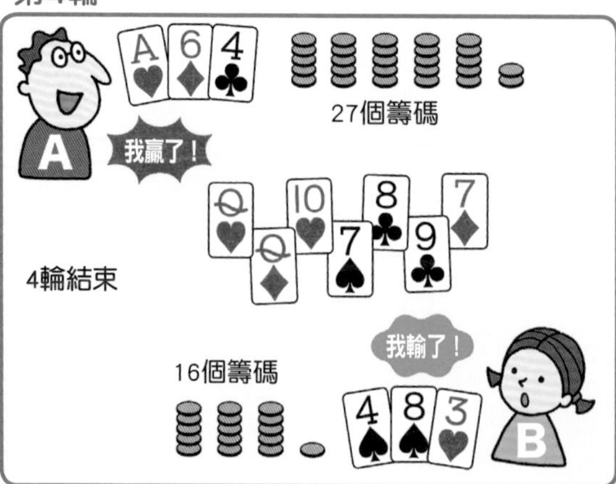

6 FINISH!

1輪結束後，換莊家。不需要洗堆積牌，依照先前的【發牌方式發牌】。繼續進行遊戲，直到第4輪（每人當過2次莊家），堆積牌也剛好發完。最後，比較雙方的籌碼數，籌碼多的一方，就贏得1局（參照第23頁）。

●起牌是J時

起牌是J時，從-1開始，此時不能拿回籌碼。接著出2，合計為1，可以拿回1個籌碼。另外，如果總和是32時，出J，就成了31，可以拿回1個籌碼。之後，再出Q，還是31，也可以拿回1個籌碼。接下來，出K（K此時代表0），仍然可以拿回1個籌碼。

●起牌是K時

起牌是K時，K的點數就和下1張牌同點數。例如，起牌K的下1張牌是5，總和即為10。起牌是K，下1張也是K時，接下來的牌就成了3倍。例如，出K→K→7牌時，就等於是7→7→7，總和為21點，就可以拿回1個籌碼。

出牌的順序為，大點數→小點數

先出大點數的牌，把小點數留在手裡，盡量逼對家喊pass。但要注意，自己不要被逼得喊pass。10雖然是最大的點數，可是如果在對家得分後，打出10，就可以得分。因此，最好一開始就留著備用。

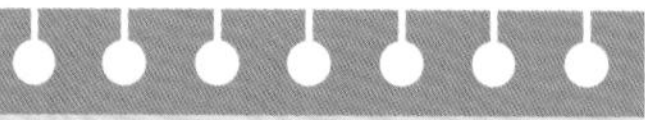

小建議

這是一個加到41的遊戲，非常適合小學生的心算演練。

專欄1 世界的撲克牌・1

拉丁式撲克牌

**14世紀，在義大利北部誕生。目前世界上，
只有「拉丁式撲克牌」仍保有撲克牌的原始風貌。**

＊義大利（羅馬地區）的紙牌

♠A

♥7

♠J

♦Q

♥K

背面

此牌的特色是點牌只到7為止，張數有40張牌。理由是有很多像「斯克波內（Scopone）」（第92～95頁）的遊戲，用40張牌就可以玩。♠用劍、♥用聖杯、♦用金幣、♣用棍棒來表示。K是國王、Q是騎士、J是士兵的圖案。

＊西班牙的紙牌

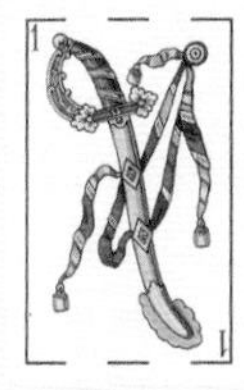

♠A

♥7

♣J

♦Q

♠K

背面

西班牙和葡萄牙紙牌的最大特色是，沒有10的牌（圖片的10是J，11是Q，12是K），張數有48張牌。♠用劍、♥用聖杯、♦用金幣、♣用棍棒來表示。K是國王、Q是騎士、J是士兵的圖案。

◆最佳人數 3人（2～5人也OK）

米奇

難易度 A
能力 作戰能力 運氣
分類 博奕型

玩到最後1張牌都能讓人七上八下，一種「拉鋸戰」的魅力

使用紙牌	**1副52張牌＋Joker2張（可放2～4張）如果沒有Joker，可用A替代。此時，2就成了最小點數。本遊戲用3張Joker**
其他	**計分表**

遊戲的勝負

比其他玩家，排成1列的張數愈多，愈贏。

莊家
A
每人發5張後，把3張Joker加進剩餘牌中，並重新洗牌
堆積牌
JOKER JOKER JOKER
C
B

發牌方式

莊家（dealer）洗好沒有Joker的52張牌後，依順時鐘方向，從左側開始發牌。1人1次1張，每人發5張牌。然後，再把3張Joker加進剩餘牌中，再重洗一遍。並牌面朝下，放在中央，當做堆積牌。

遊戲開始

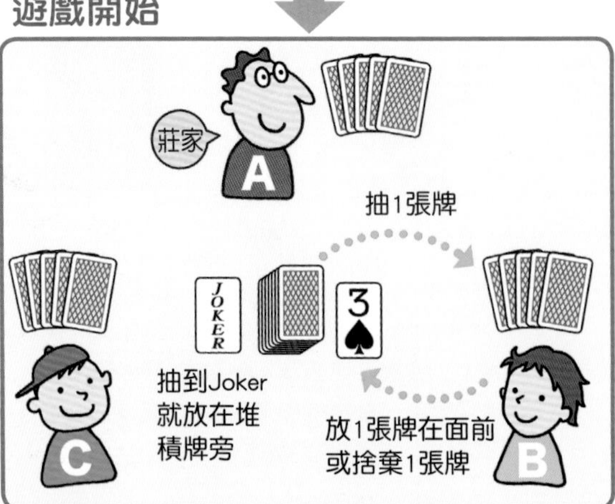

1 START

從莊家左側的人開始，依順時鐘方向，輪流出牌。輪到自己時，先拿1張堆積牌的頂牌，放進自己的手牌裡（如果拿到的是Joker，即翻開Joker，並放在堆積牌的旁邊，再重新拿張堆積牌的頂牌）。從6張手牌當中，選1張牌，放到自己前面或捨棄。剛拿到的牌，也可以馬上捨棄。

2

放在自己面前的牌，依花色排列，♠就排列♠，♥就排列♥，各花色（組牌）一定要由大到小的順序排列[由大到小的順序為，K最大，然後是Q、J、10、9的排序，A是最小的牌。例如，可以排成♦Q、♦9、♦6，但不可以排成♦Q、♦6、♦9]。

捨棄的牌，牌面朝下，放在堆積牌的旁邊，砌成一個捨棄牌堆（參照第24頁）。一旦變成了捨棄牌，就不能再用。

3

按照順序，每家抽1張堆積牌，再從手牌裡，打出1張牌在面前或捨棄1張牌到捨棄牌堆。每家可以在自己面前，由大到小，排成0～4列。

4

第3張Joker出現時，抽到的人，把Joker翻成正面，並疊在其他Joker上。從此，就不能再從堆積牌上拿牌。所有的參與者只能從自己手牌當中選牌，決定是要排在自己面前的排列裡，或是當成捨棄牌。如此，5圈後，大家的手牌就會殆盡。到此，1局（參照第23頁）即結束，開始計分。

計分

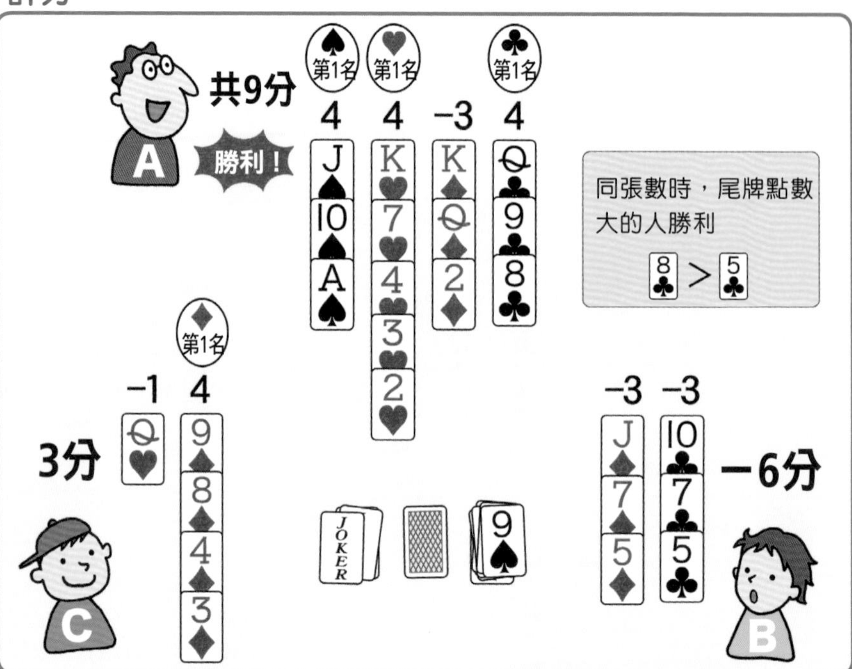

5 FINISH!

比較各個花色，排列張數最多的人，得4分。其他同花色的玩家，則依排列的張數，扣其點數。

如上圖，A和B的♦有3張，C有4張，因此♦張數最多的C得4分，A和B依照其張數，即-3分。

如果是同張數，比較此列最尾牌的點數大小，點數大的贏。例如，A和B的♣都是3張，A的最尾牌是♣8，比B的♣5大，因此是A的勝利。A得4分，B是-3分。

4種花色各自結算後，總和最高的玩家，贏牌。進行完參與者人數的局數（4人就是4局）後，總分最高的人，贏得這場遊戲的勝利。

必勝訣竅 每個花色各有13張，注意手牌和對方的張數

一定要出開頭的K和Q。當做捨棄牌是比較安心，可是會肥了別人。因此，不到最後關頭，還是不要放棄這些牌。當只剩下手牌決勝負時，自己比較有勝算的花色，最後才開始出牌，會比較容易讓對方減分。

另類玩法

以A代替Joker

Joker只有1張時，可以用A替代Joker。拿到A時，馬上放到堆積牌旁，並再抽1張牌。第4張A出現之後，只能用手牌來打。此時，排列的最大點數為K，最小則為2。

專欄2 世界的撲克牌・2

日耳曼式撲克牌

以德國為中心，廣泛流傳於瑞士、奧地利、波蘭等國的紙牌，並盛行於16世紀。

＊德國（福朗根地方）的紙牌

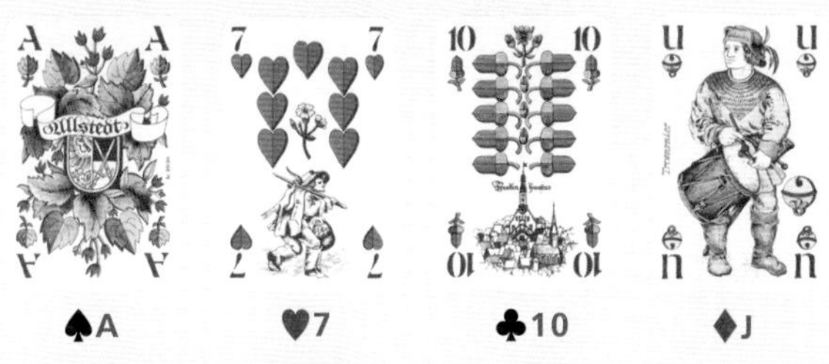

♠A　♥7　♣10　♦J

♠Q　♥K　背面

特色為沒有2～6的點牌，張數只有32張。32張牌的遊戲，有德國代表性的「斯卡特牌（Skat）」。♠用葉子、♥用心臟、♦用鈴鐺、♣用橡樹子來表示。K是國王、Q是士官長、J是下士的圖案。

＊瑞士的紙牌

♠A　♥7　♣10　♦J

♠Q　♥K　背面

沒有2～5的點牌，張數只有36張。用36張牌可以玩「亞斯（Jass）」的遊戲。♠用盾（紋飾）、♥用野玫瑰、♦用鈴鐺、♣用橡樹子來表示。K是國王、Q是士官長、J是下士、10是旗子的圖案。

◆最佳人數 4～5人（2～9人也OK）

高爾夫

敏銳的感覺，刺激的滋味

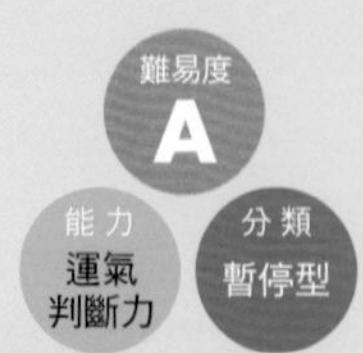

使用紙牌 2～5人用1副52張牌（除去Joker）5～9人用2副104張牌（5人時，兩者皆可）

紙牌點數 A：1，2：-2，3～9：牌面點數，10：0，花牌（J、Q、K）：10。請特別留意，10表示0。

其他 計分表

遊戲的勝負

自己手牌（但是，並不拿在手裡）的總和最小的人，勝利。

發牌方式

莊家（dealer）依順時鐘方向，從左側開始發牌。1人1次1張，每人發6張。玩家不能先看發下來的牌。剩下來的牌，牌面朝下，當做堆積牌，放在中間。並翻開頂牌，放在堆積牌旁，此牌成為「捨棄牌堆」（參照第24頁）的第1張牌。

1 START

如圖所示，排列發下來的6張牌。

遊戲開始

2

接著，全部的玩家同時從手牌的6張牌當中，隨便選喜歡的2張牌，並翻成正面。

3

從莊家左側的人開始，輪到自己時，拿堆積牌的頂牌，或捨棄牌堆的頂牌。拿堆積牌的頂牌時，需馬上翻開示眾，然後決定是放在捨棄牌堆上，還是與自己的手牌交換。若是拿捨棄牌堆的頂牌時，只能和自己的手牌交換。左圖是拿堆積牌的♣3，然後丟掉自己手牌的♣J。

4

6張手牌的總和愈小的人，最贏。另外一個重要的規則是，上下牌的數字相同時，就化為0（左右的牌不行）。還有要留意的是2的牌，2雖然為-2，但是並排在上下位置時，就變成0，損失較大。

5

6張手牌裡，交換背面牌的次數愈多，正面牌也就相對增加。換牌時，背面牌一翻成正面以後，即使是2或10或A的“好牌”，也必須要割愛，丟牌出去。這一丟牌，就讓左側的人漁翁得利。

6

其中任何玩家的手牌只要全部翻成正面，這局就結束。此時，參與者翻開全部的手牌，然後開始計分。

●如果沒有堆積牌時

（5人用1組52張牌時，比較容易發生）

抽到堆積牌最後1張牌的玩家，把此牌放在捨棄牌堆上，若下家不拿（如果下家拿牌，然後丟出1張捨棄牌，其下家不拿此捨棄牌時），這局就到此結束。

計分

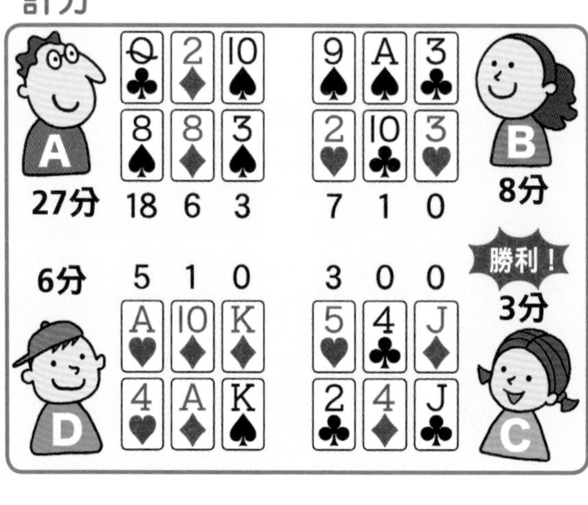

7 FINISH!

依照人數，決定局數（6人就是6局）。總分最少的人是第一順位，然後再按照順序排名。同點數，同一順位。

計分結果

A→27分（從左開始18＋6＋3）
B→8分（從左開始7＋1＋0）
C→3分（從左開始3＋0＋0）
D→6分（從左開始5＋1＋0）

必勝訣竅 上下牌收集同點數，花牌千萬不要落單

請牢牢記住，上下2張牌是同點數時，就可以歸0。還有，千萬不要讓花牌落單在上下的位置。另外，不要亂捨棄下家想要的牌。當然，還是以自我利益為優先考量。

另類玩法

本來K是0分，10是10分

原始玩法是，K是0分，Q是10分。因為容易混淆，這裡把點數顛倒過來。

現代撲克牌

18世紀在法國誕生，有♠、♥、♦、♣花色（組牌）的紙牌，
經由英國，傳到美國，然後廣泛流傳到世界各地。

＊瑞典的紙牌

不同於拉丁＆日耳曼式撲克牌之處為，張數是52張，並含有Joker。A、K、Q、J的文字，各國有所差異。

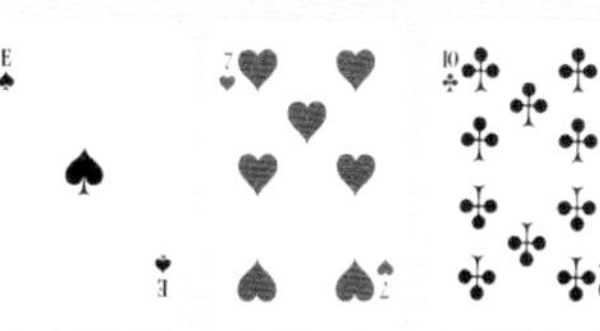

♠A ♥7 ♣10 ♦J ♠Q ♥K JOKER 背面

＊蘇聯的紙牌

蘇聯紙牌的特色為，用俄文的J、Q、K的第一個字母來標記J、Q、K牌。Joker的圖樣也五花八門。

♠A ♥7 ♣10 ♦J ♠Q ♥K JOKER 背面

＊蒙古的紙牌

蒙古製造的現代撲克牌。在蒙古，利用“羊踝骨”玩的遊戲非常盛行。因此，也經常被用來當做撲克牌的圖樣。

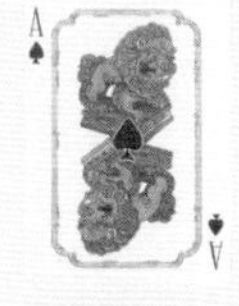

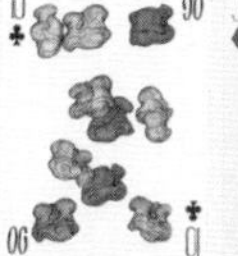

♠A ♥7 ♣10 ♦J ♠Q ♥K JOKER 背面

◆僅限2人

速度接龍 (Quick Relay)

比反應，用速度決勝負！

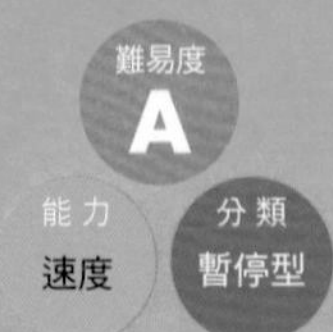

使用紙牌 **1副52張牌（除去Joker）**

遊戲的勝負

手牌最早用完者，贏牌。

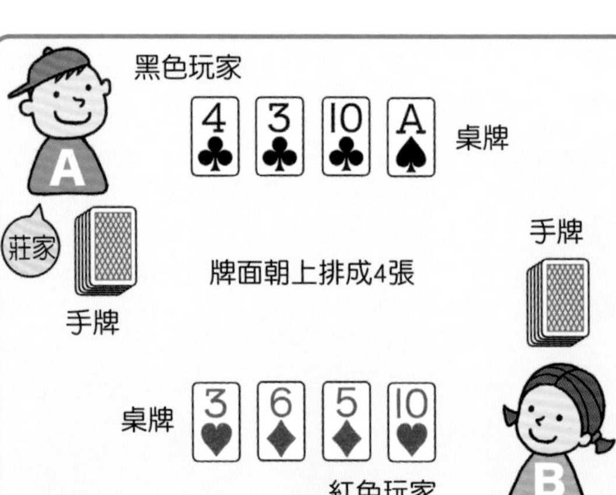

發牌方式

將52張牌分成紅色花色（♥♦）26張和黑色花色（♠♣）26張。紅色玩家洗黑色牌，黑色玩家洗紅色牌，然後交換，並單手拿牌。接著，在自己面前，橫向翻開4張牌，稱之為「桌牌」。剩餘牌當做自己的手牌。

遊戲開始

1 START

翻開手牌的頂牌，並放在彼此桌牌之間，稱之為「台牌」。

2

看到自己的桌牌和台牌，有“數字連貫的牌”，馬上把桌牌疊到台牌上面。並立即翻開1張手牌的頂牌，遞補桌牌空缺的位置。所謂“數字連貫的牌”指的是上下連接的牌，例如5就是4或6，J就是10或Q，而A和K是上下連貫的牌。

3 FINISH!

台牌疊得愈快的人，勝利。台牌有A，正要出黑色2的玩家，比出紅色K的玩家晚一步時，出黑色2的玩家就必須把牌乖乖地放回桌牌裡。自己的手牌全上場了，就馬上喊「脫手！」。誰最先喊「脫手！」的人，就贏牌。

必勝訣竅 **對家也有同點牌時，誰先搶到先機，誰就贏牌**

要先在腦海裡訓練，馬上可以反應出1個數字前後會出現的牌。行有餘力，再觀察對家的動向。如果對家也有同點牌，一定要搶得先機。只有自己才有的牌，可以暫緩出牌。

小建議

這個遊戲的玩法，因為非常容易損毀紙牌，所以並不太推薦。最好準備一副專用的，而且已經玩舊的牌。

◆僅限2人

爾虞我詐

用13張牌展開一場"爾虞我詐"的遊戲

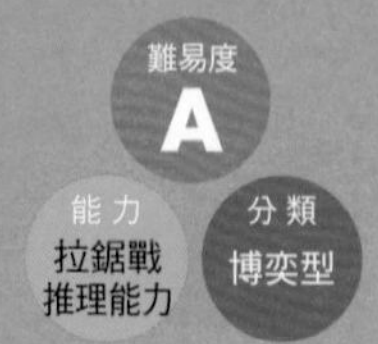

使用紙牌 13張。只用1種花色（組牌・任何皆可）的13張紙牌

其他 計分表

遊戲的勝負

猜測蓋牌是什麼牌？猜中的人就贏，猜錯了就輸。

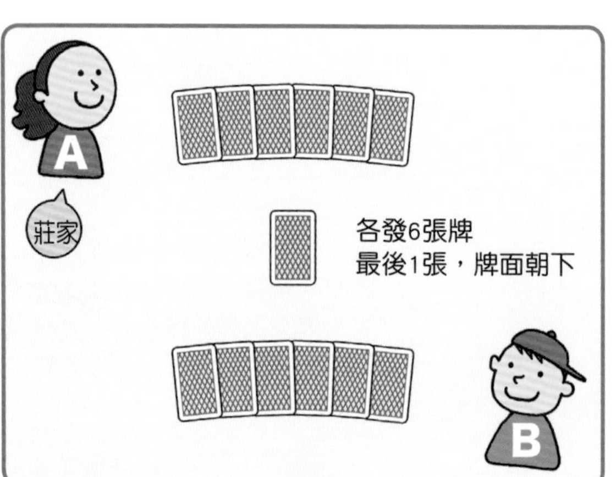

發牌方式

莊家（dealer）從對家開始發牌，1人1次1張，每人發6張牌。剩下的1張，牌面朝下，放在中央，誰都不能看。

遊戲開始

1 START

從莊家的對家開始，輪流進行。輪到的人，看自己的手牌後，問對家問題。例如，「有7嗎？」。被問的一方必須誠實地回答，有就回答「有！」，沒有就回答「沒有！」。

2

接著，輪到剛回答完的人提問，但不可以問同樣的問題。

3

如果確定蓋牌的數字，便可以跳過提問，直接猜數字。猜的時機不是在提問之後，而是在回答對方的問題之後，才能說「這張牌是Q！」。

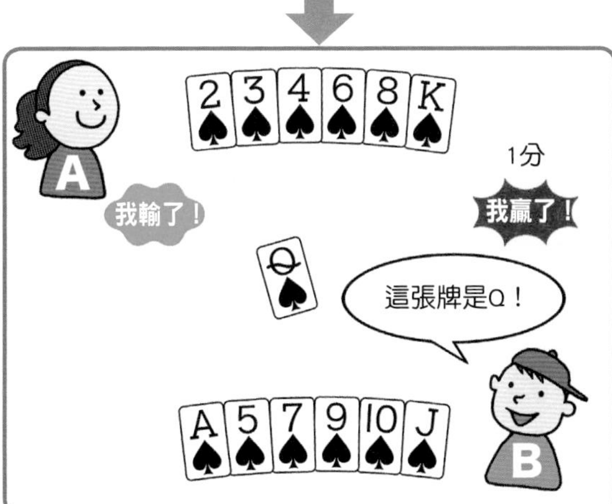

4 FINISH!

然後，翻開蓋牌，確認是否為猜的數字（此時為Q）。如果真的是Q，猜中的人就贏。如果不是，對家勝利。

猜對了，得1分。猜錯了，對家得1分。再換莊家，重複進行遊戲。在遊戲一開始，可以先說好幾局決勝負。

必勝訣竅 故意問對家自己手牌的數字，混亂對方推理的思緒

也可以故意問對家，是否有自己手牌的數字。自己手牌有J，也可以問對家「有J嗎？」。對家一定回答「沒有！」。讓對家誤判蓋牌是J，搞不好就能因此而贏牌。

小建議

1局大約3分鐘，先拿到3分的玩家，贏得遊戲的勝利。一場遊戲也差不多只有十幾分鐘而已，速戰速決。雖然如此，卻是一個需要兼備推理和拉鋸戰能力的遊戲。

◆僅限2人

金拉密

好玩到欲罷不能，雙人遊戲的最高境界

難易度 B
能力 推理能力 運氣
分類 拉密型

使用紙牌	1副52張牌（除去Joker）
紙牌點數	花牌（K、Q、J）：10，9～2：牌面點數，A：1
其他	計分表

遊戲的勝負

用手牌湊成“3張以上的組合”，不能湊成組合的其他牌的總點數愈少的人，就贏牌。

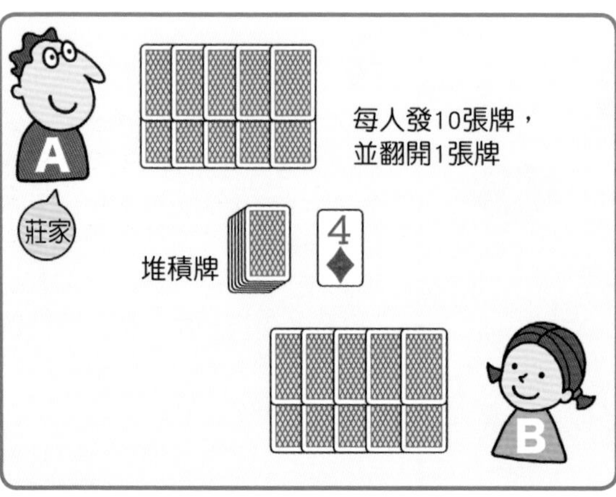

發牌方式

莊家（dealer）從對家開始發牌，1人1次1張，每人發10張。然後，翻開1張牌，放在中央。其他剩餘牌，牌面朝下，當做堆積牌，放在翻開牌的旁邊。

手牌的排列方式

依點數（數字）大小排列，比較容易找牌（參照97頁）。A不排在K的旁邊，而在2的旁邊。

●「3張以上的組合」

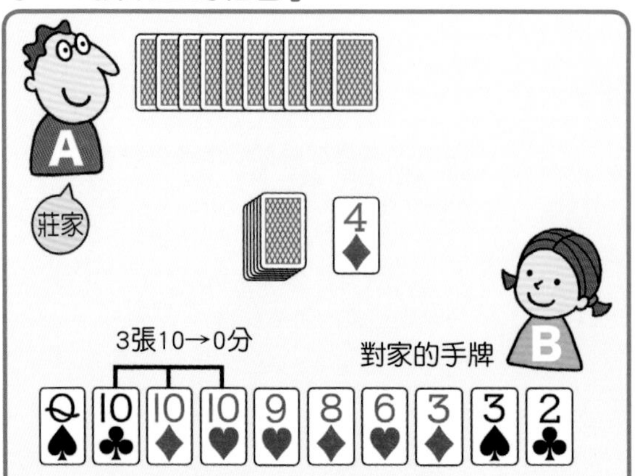

3張或4張同點數的組合，就當做0分。另外，順子（連續3張以上同花色[例如♠Q♠J♠10]，參照第25頁）也是0分。但是，同花的A和K不是連續的牌。左圖表示為對家（莊家的對手）的手牌裡有3張10，因此3張的總和為0分。

遊戲開始

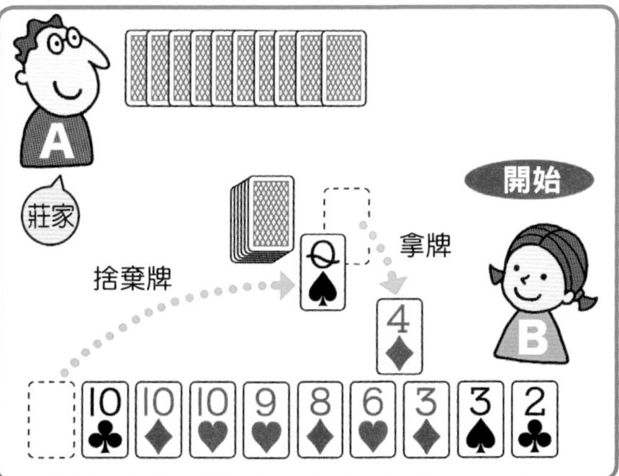

1 START

從莊家的對家開始，輪流進行。先判斷是否要拿已翻開的牌。若不拿，就喊[pass]，然後換莊家玩。若拿的話，把牌插進手牌裡，並從手牌換出另1張牌，翻開，放在剛才拿牌的位置，再換莊家玩。

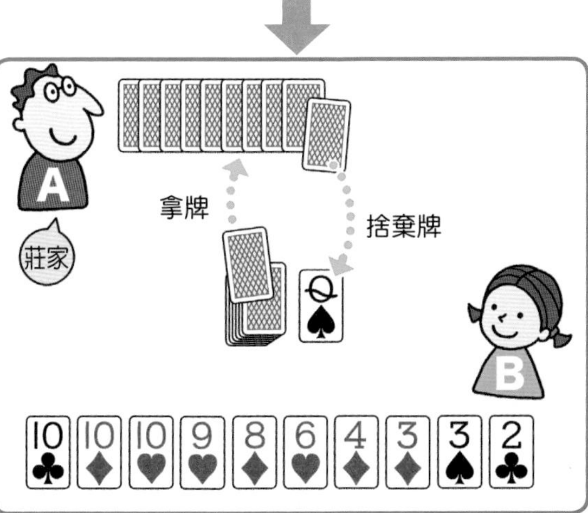

2

輪到莊家時，可以選擇拿剛才對家捨棄的牌，或是堆積牌的頂牌，然後，再捨棄1張牌（如果對家pass時，也可以拿最早被翻開的牌）。

如果拿的是堆積牌的頂牌，也可以直接捨棄不要。

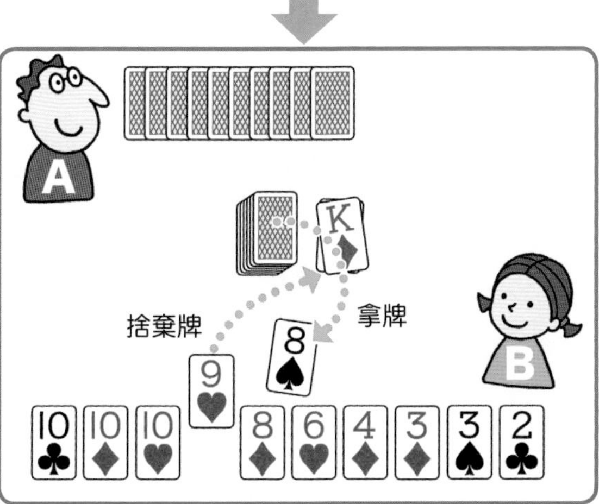

3

重複“拿1張就丟1張”的動作，目的在把手牌調整成好牌。所謂的好牌是指，擁有較多的“3張以上的組合”的手牌。

●喊「Knock」時

4

如果，除了湊成3張牌以上的組合之外，把不成組合的其他牌的總點數相加，若是在10以下時，就可以喊「Knock」，以終結遊戲（也可以選擇不喊Knock，讓遊戲持續下去）。喊Knock的玩家，必須翻開自己的手牌，確認組合與點數是否正確。

接著，被喊Knock的玩家，也翻開牌面，確認組合與點數。還有，被喊Knock的玩家還可以把不成組合的其他牌附加到喊Knock的玩家的手牌裡。例如，喊Knock的玩家有♠3♦3♥3的組合，被喊Knock的玩家就可以把自己的♣3附加上去，以減少自己剩餘牌的點數。

計分

5

然後，比較雙方剩餘牌的點數總和。總和低的玩家，贏牌。同點數時，喊Knock的玩家，輸牌。喊Knock的玩家贏牌時，彼此總和的差額，即為得分點數。例如，喊Knock的剩餘牌是♣2，被喊的是♠A，♣A和♣4，其結果為喊Knock的玩家得4分。

●喊「Knock」的玩家輸牌時

喊Knock卻輸牌時，贏的一方加碼25分。例如，因為剩餘牌只有♠2和♠3，所以就喊了Knock，可是對家剩餘牌竟然只有1張♠A而已。所以，最後結果是被喊的玩家，反而贏了29分。喊Knock卻敗北的玩家，稱之為「Under Knock」。

●喊「Gin」的玩家贏牌時

沒有任何剩餘牌，10張牌全部配成了對，特別稱此時的Knock為「Gin」。若贏牌，除了加上對方剩餘牌的點數之外，還有25分的紅利。另外，喊Gin時，不能做附加牌的動作，還有即使是同點數，喊Gin的玩家仍獲勝。無剩餘牌時，要立即喊「Gin」。

6 FINISH!

一決勝負後，輪替莊家。莊家洗牌，每人發10張，再翻開1張，從第1步驟開始重新進行遊戲。只要有任何一方得分超過100，遊戲就結束。達到100分以上的玩家，可再加紅利100分。贏得1局，加25分。總得分愈高的人就是最後的勝利者。同點數時，先達到100分的玩家，贏牌。

必勝訣竅 沒有辦法湊成組合時，從大點數開始丟牌，比較安全

留下比較有機會成為組合的牌。若沒有較大的差別，就從大的點數開始丟牌。愈早喊Knock，愈容易得高分。

◆僅限3人

鉤捕

勝負取決於◆的花牌！

難易度 A
能力 作戰力 運氣
分類 博奕型

使用紙牌	1副52張牌（除去Joker）
紙牌大小	從大到小，K＞Q＞J＞10＞～＞2＞A
紙牌點數	只有有◆點數，K：13，Q：12，J：11，10～2：牌面點數，A：1
其他	計分表

遊戲的勝負

手牌中◆的點數牌愈多，且總點數最高的人，贏牌。

遊戲開始

發牌方式

首先，依照花色（組牌）分組，1組各13張牌。除了◆牌之外，剩餘的♠和♥和♣牌，分給各家1組花色的牌，共13張牌。然後，把◆牌洗乾淨，牌面朝下，當成堆積牌，放在桌子中間。

1 START

其中任何1家（誰都可以）翻開中央的堆積牌的頂牌。再根據這張牌，從自己的手牌，打出1張牌，牌面朝下。

2

然後，一起喊「1，2，3！」，同時翻開自己出的牌。其中牌面最大的人，獲得中間的點數牌。3家已經打出的牌，不能再放回手牌裡，放在一旁。也就是說，手牌是一次性的，不能回收。

3

如果2家出的是同點牌，不管牌面大小，剩下的第3家可以拿回點數牌（放在中央的♦牌）。

4 FINISH!

如果3家都出同點牌，就再翻開1張堆積牌。第2次贏牌的人，可以拿回2張牌。若最後一次決勝負時，3家都出同樣的牌，則誰都無法拿回任何的牌。

等堆積牌和手牌用完後（應該會同時沒牌），各家計算自己贏回的♦牌的點數，總和最高的人，贏牌。

必勝訣竅 集中注意力在打出的牌只要比別人的多1點即可

最有效率的勝利秘訣是，打出的牌只比別人的多1點。還有，注意別人所出的牌，盡量避開出同點牌。針對高點數的♦牌，必要時可以出A，故意輸牌。

另類玩法

K=-3，Q=-2，J=-1

以♦K＝-3，♦Q＝-2，♦J＝-1的方式，以打出牌面最小的人（若其中2人為同點數，就由第3家拿回牌），拿回牌。此種玩法，更為刺激。如果3家都出同樣的數字，就再翻開1張♦牌，2張牌的總和為正數時，牌面大的人拿回牌，而總和為負數時，牌面小的人拿回牌。若為0時，全部的人捨棄1張手牌，並收到一旁。

◆最佳人數3人（2、3、4、6人也可以）

卡西儂

「花骨牌（花札）」的遠房親戚，一個深奧的遊戲

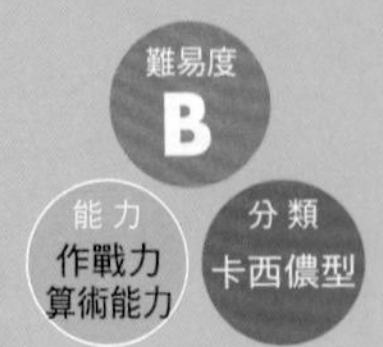

使用紙牌	**1副52張牌（除去Joker）**
紙牌點數	**K：13，Q：12，J：11，10～2：牌面點數，A：1或14**
其他	**計分表**

遊戲的勝負

牌拿得愈多，特別是拿點數大的牌，只要超過21點就贏牌。

遊戲開始

發牌方式

莊家（dealer）在1局中，發牌數次。1次稱之為1「輪」。2人玩時，1局有6輪，3人即4輪，4人即3輪。每輪發牌，依順時鐘方向，從左側開始發，每人發2張，並翻開2張牌放在桌面中央。同樣動作，再重複一次。每人發4張手牌，桌牌就有4張牌。剩餘的牌，牌面朝下，當做堆積牌，並放在一旁。當全部人的手牌用盡時，莊家再用堆積牌來發牌，每次發2張，共2次，每家手牌就有4張牌。第2輪以後，不再發桌牌。

1 START

從莊家左側開始，依順時鐘方向進行遊戲。輪到自己時，打出1張手牌。只要打出去的牌和桌牌同點數時，就可以成「對子」，然後拿回2張牌[例如，打出手牌♣J，拿回桌牌♦J]。若桌牌當中已經有2張同點牌，就可以同時拿回來[例如，打出手牌♣8，拿回桌牌的♠8和♦8]。

2

另外，也可以運用紙牌點數的總和，1次拿下數張牌。例如，桌牌有3和6（3＋6＝9），只要手牌有9，就可打出9，一併把3和6拿回來。注意，但是不可出2張以上的手牌。

3

如果桌牌裡有A和5和8（1＋5＋8＝14），就可以打出手牌A，拿回此3張桌牌。因為，A可以是1或14。

還有，若手中沒牌可出，就選1張手牌，翻開，放在桌面中央。也可以明明有牌可以出，卻出另1張牌，故意不拿任何牌。

4

拿回全部的桌牌的動作，稱之為「通殺（Sweep）」。拿1次通殺，就多加1分（為了方便結算，通殺後，翻開其中的1張牌，放在一旁）。接下來，因為無桌牌，下家就必須從手牌當中，選1張牌，翻開，放在中央。

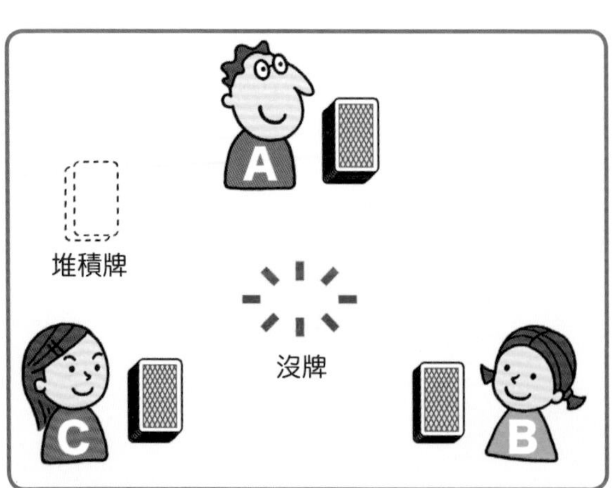

5

堆積牌和手牌都用盡時，1局結束，開始結算。如果，1局結束後，仍剩下誰都無法拿走的桌牌，則由最後拿下桌牌的人收回。

計分方式

①紙牌
拿牌最多的玩家，得3分。第1名平手時，各得2分。

②方塊
拿下♦牌最多的玩家，得1分。第1名平手時，各得2分。

③大卡西儂
有♦10的玩家，得2分。

④小卡西儂
有♠2的玩家，得1分。

⑤A
有1張A的玩家，得1分。最多可得4分。

⑥通殺
1次通殺，得1分。
如果沒有通殺或平手時，總分則為11分

計分

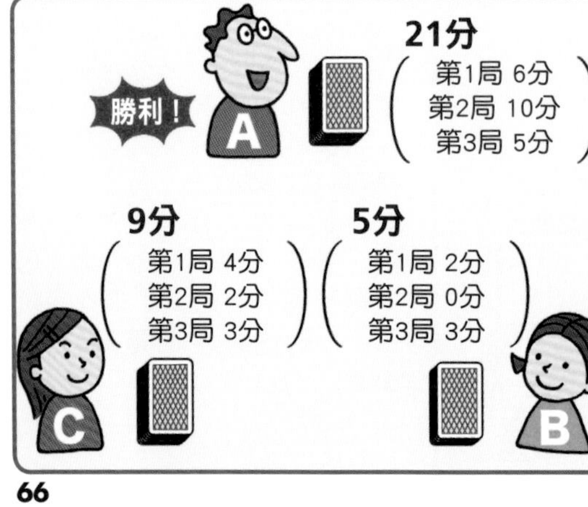

6 FINISH!

結算後，莊家換左側的人當，並進入下1局。如此，每局結束時，得分超過21點的玩家，就勝利。如果得分在21點以上的玩家，有2人以上時，得分較高的玩家，贏牌。若還是同分時，依照【計分方式】的①，②，③…的順序來比高低，首先達到高點數的玩家，就贏得這1局的勝利。

必勝訣竅 **A牌愈多愈有利，想辦法拿下♦10**

用最好的組合形式，拿下更多的牌。記住，A是最好的牌。並注意，千萬不要錯過拿下♦10（大卡西儂）的良機。

另類玩法

「Build」的規則

這裡介紹的卡西儂是被稱之為「皇家卡西儂」的遊戲規則。卡西儂的遊戲上手後，可以進階到「Build」的遊戲規則。例如，桌牌有5，手牌有6和J，先出手牌6，疊在桌牌5上方，然後喊「11」。如此，別家就算有5或6，也沒辦法拿下這些牌。只要有J就可以橫刀奪愛。「Build」必須要有可以拿下牌的保證（此時為手牌的J）。根本不能拿牌，卻用了「Build」的方式，是違反規則的。反之，如果能善用「Build」，就可以一次拿下許多牌回來。

◆僅限3人（2～4人也可以）

拳鬥

內幕重重，非常好玩又有深度的遊戲

使用紙牌	32張牌（A、K、Q、J、10～7各4張牌）
紙牌大小	從大到小，A＞K＞Q＞J＞10＞～＞7
其他	計分表

遊戲的勝負

贏得第7圈，且持籌碼最多的玩家，贏牌。

遊戲開始

發牌方式

莊家（dealer）依順時鐘方向，從左側開始發牌。1人1次1張，每人發7張。剩餘的牌，暫且不在這圈用，先放在一旁。

手牌的排列方式

相同花色（組牌）放在一起，並按照大小順序排列，如此比較容易找牌（參照第97頁）。

1 START

從莊家左側的玩家開始，打出1張喜歡的手牌，牌面朝上（打出第1張牌的動作，稱之為「領頭」）。

2

依順時鐘方向，輪流打出1張和領頭相同花色的牌。參與者份數的牌都出來後（稱之為「1圈」，參照第25頁），牌面最大的玩家，贏得這圈牌。並把玩過的牌，移到一旁。

3

贏得1圈的玩家，就當下1圈的領頭。其他人，如果沒有和領頭相同花色的牌可出時，可以出別的花色牌，但是就不能贏牌。

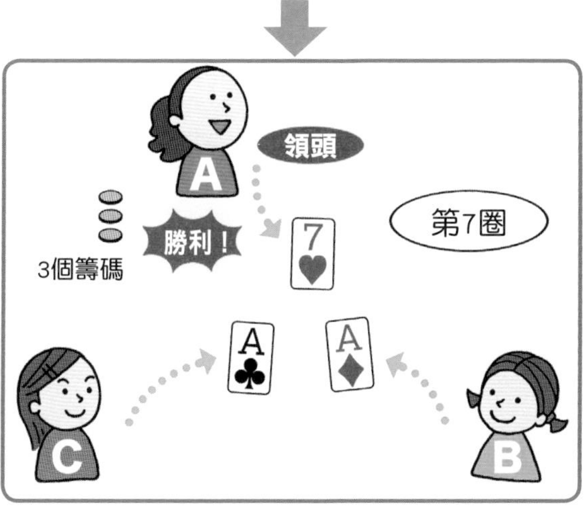

4 FINISH!

大戰7圈後，決勝負。贏得第7圈的玩家，可以獲得1個籌碼。若第7圈是以8得勝時，可以得到2個籌碼，以最小牌7得勝時，就可以獲得3個籌碼。勝負決定後，換左側的人當莊家，並進入下1局遊戲。

本遊戲沒有明確規定必須打幾局，才能結束遊戲。因此，可以在遊戲開始時，先決定要玩幾局，或是先決定好籌碼的數量，籌碼耗盡後，遊戲便結束。

必勝訣竅　戰勝第6圈，勇當第7圈的領頭

用7或8贏牌，就可以獲得3圈份或2圈份的籌碼。因此，想辦法如何在最後以7或8來贏牌。為了要在第7圈贏牌，第6圈則是重要的關鍵。若手牌不盡理想，可以用先輸的手段來逆轉勝。

小建議

規則非常簡單，習慣於「1圈決勝負」的玩家應該會喜歡這種有速度感的遊戲。另外，洗下1局牌時，不要忘了把上1圈沒有用到的牌也一起加進去洗。

◆最佳人數 3～4人（2～9人也可以）

耶尼布

先丟出牌的新鮮感和刺激

難易度 B
能力 作戰力 運氣
分類 拉密型

使用紙牌	2～5人，加2張Joker，共54張。6～9人，用2副108張牌。
紙牌點數	花牌（K、Q、J）：10點，10～2：牌面點數，A：1點，Joker：0點
其他	計分表

遊戲的勝負

手牌點數總和在5以下時，就可以喊「耶尼布！」。最後總分最少的人，贏牌。

發牌方式

莊家（dealer）依順時鐘方向，從左側開始發牌。1人1次1張，每人發5張牌。剩餘的牌當做堆積牌，並翻開頂牌，放在莊家的左前方。

遊戲開始

1 START

從莊家左側開始，依順時鐘方向，輪流出牌。輪到自己時，從手牌當中，丟1～5張牌到牌桌上，再從堆積牌的頂牌，或剛剛右側的玩家丟出來的牌當中，選1張牌放入自己的手牌裡。

如左圖，丟出♣J和♥J的對子，再拿回堆積牌的頂牌（如果想要♦3，也可以拿回♦3）。

●捨棄牌的原則和限制

①1張牌：任何牌都可以捨棄。

②2張牌：同點數（數字）的對子，就可以捨棄。例如，♦3和♠3，♠Q和♥Q的對子，即可一併捨棄。

③3張牌：同點數（數字）的三條，或是同花色（組牌）的3張順子，就可以捨棄，例如，♥6♥7♥8。順子的排列當中，K和A是屬於不連續的牌。

④4張牌：同點數的四條，或是同花色的4張同花牌，就可以捨棄。

⑤5張牌：同花色的5張牌，就可以捨棄。如果是用2副牌108張時，同點數的5張牌也可以捨棄，花色重複也沒關係。

2

輪到自己時，先從手牌中選出要捨棄的牌。C玩家，先丟出手牌中可以湊成三條的♦8♠8♥8的3張牌。然後，再從右側玩家剛剛丟棄的2張牌中，選其中1張（♣J），並放進手牌裡。只要是符合遊戲規則，丟出幾張牌都可以。因為，僅拿回1張牌，所以丟得愈多，手牌愈少，就愈容易喊「耶尼布！」。

●如何出「Joker」？

在順子（參照第25頁）牌組裡，Joker可以替代任何1張牌。但是，不能充當對子，三條或四條的任何1張牌。

●從3張以上的捨棄牌裡，如何選牌？

右側的玩家，丟出3張（以上）的牌時，只可以拿最上面和最下面的1張牌。捨棄牌有3張牌（以上）時，不能拿中間被夾住的牌。為了不要讓別人拿走Joker，盡量把Joker夾在其他牌的中間。

3

手牌點數總和在5以下，輪到自己出牌時，就可以喊「耶尼布！」，然後終止遊戲。可是，喊「耶尼布！」的時機，必須在換牌之前。換牌後，手牌點數總和即使是5以下，也不能馬上喊「耶尼布！」。必須等到下一次輪到自己出牌時，才能喊。

就算是5以下，也可以選擇不喊「耶尼布！」，繼續進行遊戲。

●「耶尼布！」成功時

有人喊「耶尼布！」後，全部的玩家必須把牌翻開，並計算點數。然後，將合計點數記錄到計分表上。喊「耶尼布！」的玩家，只有自己的總分比別人小時，才算「耶尼布！」成功，變成0分（得分愈少愈好）。

●「耶尼布！」失敗時

如果有任何玩家的總分比喊「耶尼布！」的玩家，小或同點數時，就算喊「耶尼布！」的玩家輸牌。喊「耶尼布！」失敗時，手牌點數再加上30分為其得分，並記錄在計分表上。懲罰點數30分是非常嚇人的結果。

例如，以4點來喊「耶尼布！」，若有人也是4點時，喊「耶尼布！」的玩家，就會被記上34分。打敗喊「耶尼布！」的玩家的總分還是4分，不能成為0分。

4 FINISH!

其中任何一個玩家的總和在101分以上，遊戲就結束。然後從總分最少的人開始排順位。1局遊戲的途中，若總分累計是50分時，即可減半為25分，累計為100分時，則減半為50分。

必勝訣竅 手牌時時都在變，出牌前1秒都不可掉以輕心

即使已經決定要丟出手牌中的K，剛好要輪到自己出牌時，上家卻丟出了K，此時（換丟其他的牌）趕快把K撿回來，然後在下一輪時，當做對子，丟出去。另外，處心積慮想要把分數湊到50分或100分，不是一件容易的事，但還是非常值得去挑戰。

小建議

原始遊戲可以進行到201分，因為太過冗長，本書將其精簡到一半的份量。

◆僅限3人

99

用盡千方百計的動腦遊戲No.1

使用紙牌	**37張（A、K、Q、J、10～6個4張＋1張鬼牌）。鬼牌可以替代王牌。**
紙牌強數	**A＞K＞Q＞J＞10＞～＞6**
其他	**計分表**

遊戲的勝負

首先預測自己可以贏的次數，若猜中，就得分。進行9局，得分最多的玩家，獲得最後的勝利。

遊戲開始

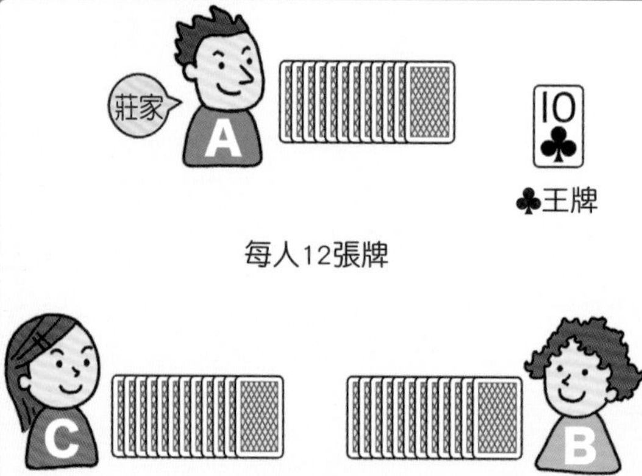

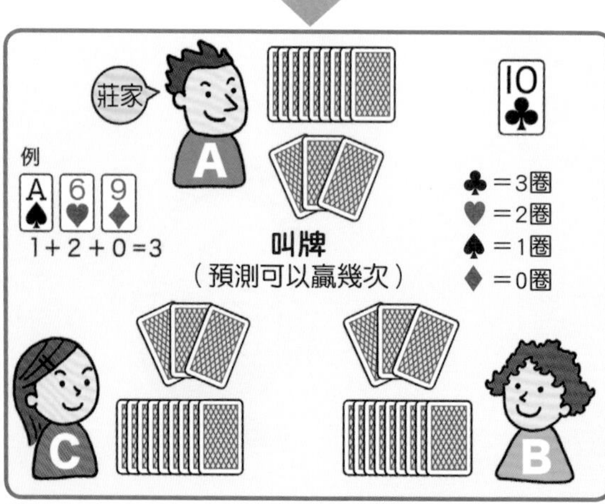

發牌方式

莊家（dealer）依順時鐘方向，從左側開始發牌。1人1次1張，每人發12張牌。並翻開最後1張牌，當成王牌（參照第24頁）。例如，翻開的牌是♣10，王牌即是♣牌（翻開的若是Joker或9時，即表示「無王牌」〈參照第24頁〉）。

手牌的排列方式

相同花色（組牌）放在一起，並按照大小順序排列，如此比較容易找牌（參照第97頁）。

1 START

先觀察自己的手牌，並預測自己可以贏的次數。選出3張「叫牌」，牌面朝下，放在自己面前（為了與其他牌有所區別，請排列成扇型），且不讓別人知道自己猜測的次數。「叫牌」用♣＝3圈，♥＝2圈，♠＝1圈，♦＝0圈來表示所預測的贏牌次數。例如，蓋牌是♠A♥6♦9時，即表示預測3次就贏。次數只和花色（組牌）有關，與數字無關。

●喊「宣布！」時

2

全部參與者拿出3張「叫牌」後，從莊家左側的玩家開始1人1次，喊「首次叫牌」，又可分為「公布！」和「揭發！」。兩者都不想喊時，可以喊「pass！」。

■公布：宣言要翻開「叫牌」。「首次叫牌」結束後，即翻開牌面。

●喊「揭發！」時

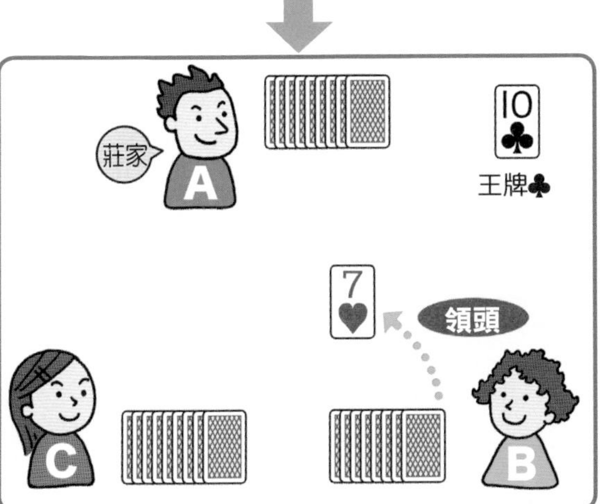

■「揭發！」：是一個翻開「叫牌」後，再翻開手牌的宣言。可以指定第一個領頭的玩家（也可以指定自己）。此外，公開手牌的時機在第1圈（參照第25頁）結束後。

可以執行「首次叫牌」的玩家只有1位。「揭發！」比「公布！」更有威力。在「公布！」之後的「首次叫牌」也只有「揭發！」。例外的是當「揭發！」蓋過「公布！」時，喊「公布！」的玩家可以再用「揭發！」喊回去。此時，只有後來喊的「揭發！」才有效用。

3

除了「揭發！」以外，遊戲都從莊家左側的玩家開始，從手牌中選出1張喜歡的牌，牌面朝上，打出去。打出這張牌的動作，稱之為「領頭」。

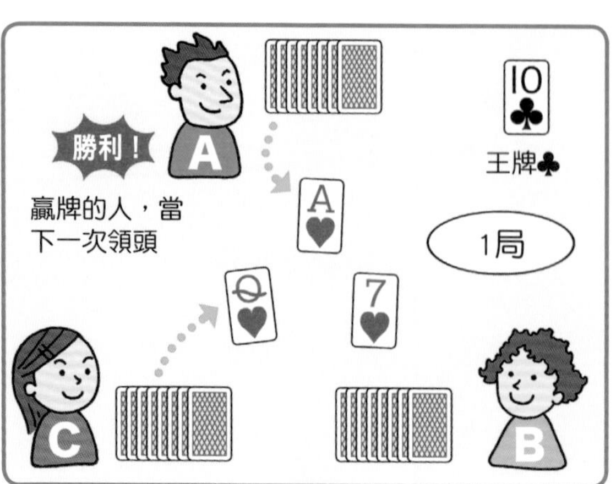

4

然後，依順時鐘方向，輪流出牌。如果有和領頭的牌同花色的牌，就必須打出同花牌。全部人都出完牌後（稱此為「1圈」），比較各家大小，牌面最大的人，贏得這1圈。贏得此圈的玩家，就當下1圈的領頭。

5

只有在沒有和領頭相同花色牌時，可以出其他花色的牌。但是，不管出多大的牌，都不能贏得勝利。可是，王牌則另當別論，打出和王牌相同花色牌時，反而可以逆轉勝。贏得此圈的玩家，就當下1圈的領頭。

6

王牌有數張時，較大的王牌得勝（可是如果手牌裡，有和領頭有同花色牌，即使想出王牌也不行）。贏得此圈的玩家，當下1圈的領頭。

計分

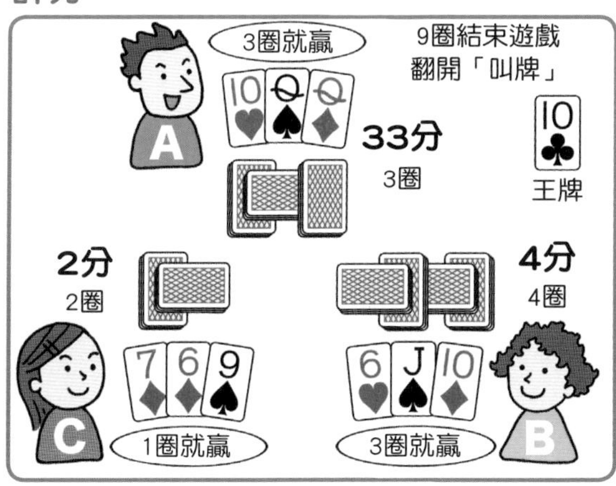

7 FINISH!

贏得的牌，不放進手牌裡，放在手邊，以便知道贏得了幾局牌。遊戲進行9圈，算1局。然後，確認各家贏得幾圈牌，並翻開「叫牌」，開始計分。

計分方式

●贏得1圈，獲得1分。

●接著是，預測成功的計分方式。

・3人都預測成功：得10分

・2人預測成功：得20分

・只有1人預測成功：得30分

●有「首次叫牌」時，加分

・「公布！」：成功時＋30分
　　　　　　　失敗時，其他2家＋30分

・「揭發！」：成功時＋60分
　　　　　　　失敗時，其他2家＋60分

計分結果

A→33分

宣言3圈就贏，並且預言成功，因為只有1位猜中，所以3＋30＝33分。

B→4分

宣言3圈就贏，結果是4圈，因此得4分。

C→1分

宣言1圈就贏牌，結果是2圈，因此僅得2分。

必勝訣竅　及早處分中等牌，判斷是贏還是輸

重點在根據3張的「叫牌」，佈下周密的戰略方針。重點是，有好牌時，毅然決然地喊「首次叫牌」。但是，失敗時的損失也相當大，非常兩難。

小建議

Joker可以替代最先被翻開的王牌。例如，翻開的是♣9，Joker，Joker就可以替代♣9，放進「叫牌」中，即表示3圈就贏的意思。

◆最佳人數 4人（2人、6人也可以）

豬尾巴

難易度 A

能力 讀心術 決斷力

分類 暫停型

簡單而又需要有戰略頭腦的遊戲！

使用紙牌 1副52張牌（除去Joker）
♠和♣是黑色牌，
♥和♦是紅色牌。

遊戲的勝負
最後手牌最少的人，贏牌。

遊戲開始

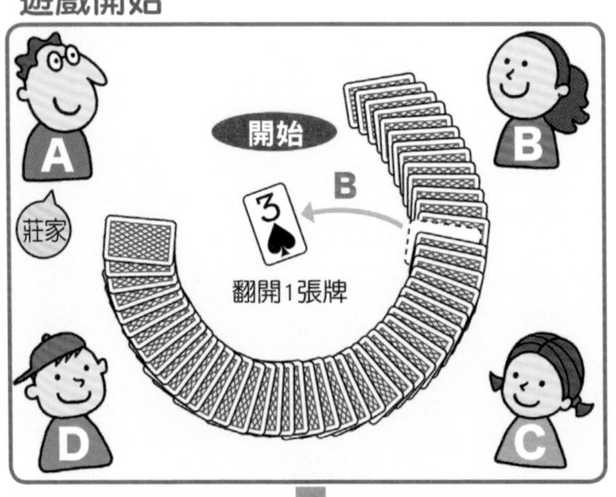

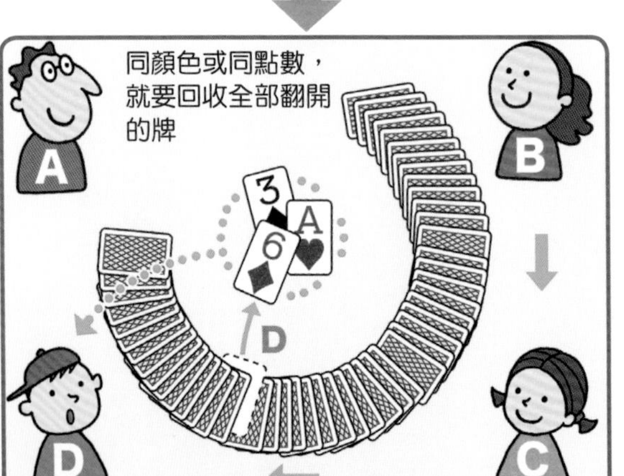

發牌方式

本遊戲不用發牌。把牌面朝下的桌牌，全部展開。

1 START

從莊家（dealer）左側的人開始，依順時鐘方向，輪流進行遊戲。輪到自己時，從桌牌中抽出1張牌翻開，並放在中央。

2

若桌面中央有牌，下一家就把翻開的牌，疊在之前的牌上。如果翻開的牌和上一張牌的顏色相同，或點數（數字）相同，就必須回收全部已經翻開的牌。

3

輪到自己時，翻開1張蓋牌，也可以從手牌（回收的牌）裡，選出1張牌，牌面朝上，疊在其他牌上。如果出的牌和上一張牌的顏色相同，或點數（數字）相同，就必須回收全部已經翻開的牌。

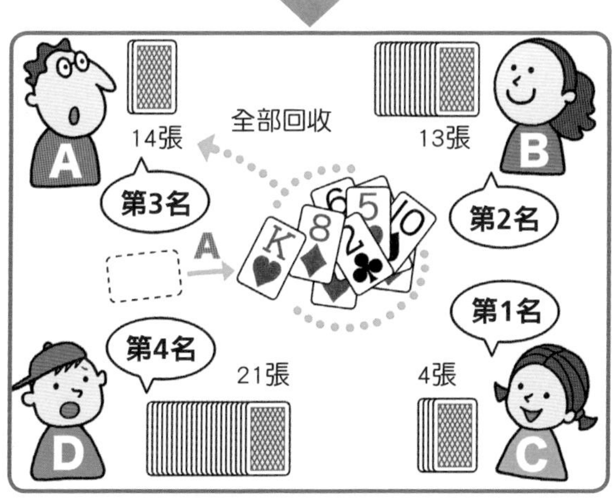

4 FINISH!

全部的蓋牌被翻開後，遊戲即結束。最後出的牌，如果和桌牌同顏色或同點數，則必須回收全部的牌，反之，牌就留在原位。
然後，各家算自己手牌的張數。從手牌最少的玩家開始排順位。張數相同者，同一順位。

必勝訣竅 遊戲中要有手牌才安心，絕不錯失一決勝負的良機

遊戲最後是以手牌最少的人，贏牌。但是，遊戲中途還是需要一些手牌，否則會滿危險。要隨時留意他人手牌的張數，並判斷什麼時機出手來一決勝負。另外，為了讓其他人知道自己手牌的張數，請將手牌拿在手裡。

小建議

不要小看這個遊戲，還滿需要戰略性的思考能力。因為，紅色牌和黑色牌各有26張，只要數一數翻開牌裡各個顏色的張數，就可以判斷剩餘牌中紅色牌和黑色牌的比率。

◆最佳人數 4人（2～5人也可以）

去釣魚吧！

遊戲「闔家團圓」的簡化版！

難易度 A

能力 記憶力 推理能力

分類 暫停型

使用紙牌 **1副52張牌（除去Joker）**

遊戲的勝負

收集4張同點牌（1組）最多的玩家，贏牌。

遊戲開始

●D沒有「7」時

發牌方式

2人或3人時，每人發7張牌。4人或5人時，每人發5張牌。剩餘的牌當做堆積牌。

1 START

從莊家（dealer）左側的玩家開始進行遊戲。輪到的玩家B可以指名任何一個玩家（例如，指名D），然後說「D，請給我7！」。此時，必要條件為，B至少手中要有1張7的牌。

2

如果D手上沒有7時，就可以回答說「去釣魚吧！」。此時，B（被說「去釣魚吧！」的玩家）就去堆積牌的地方，拿頂牌，並自己確認牌面。如果此牌是自己喊的牌（此時是7），就把牌翻開，讓其他人看過後，再放進手牌裡。如果不是7，就不必讓其他人看，直接放進手牌裡。然後，換左側的玩家繼續進行遊戲。

●D有「7」時

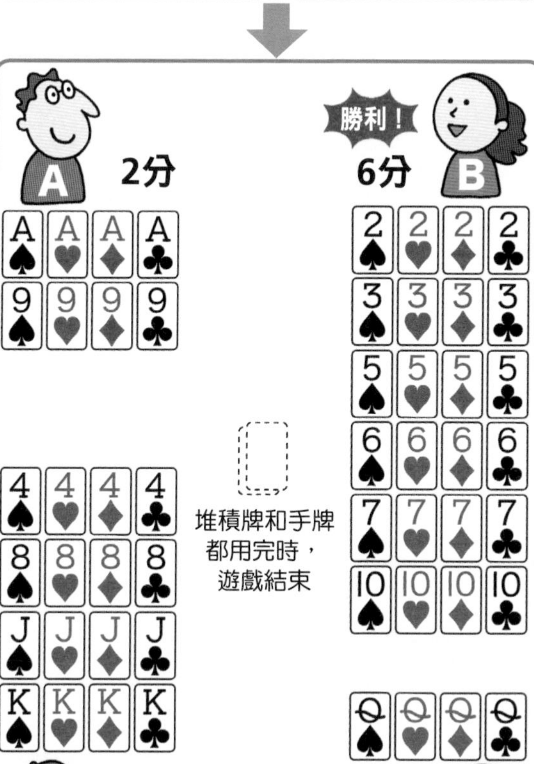

D的手牌中，如果有被喊的7時，一定要交出所有的7牌。B拿到牌後，若可以湊成4張7，就把牌打出，放在自己面前。如此，B可以獲得1分（因為湊成了1組）。

3 FINISH!

輪到自己時，手上已經沒有牌，就從堆積牌中抽1張牌。如果連堆積牌都沒牌時，即可退出遊戲。等全部人的手牌沒有了，堆積牌也用盡了，遊戲就結束。擁有4張同點牌（1組）最多的人，贏牌。組數相同時，平手。

必勝訣竅

別家說出手牌數字時，請牢記其手牌的訊息

仔細觀察和自己手牌的同點牌之去向。重要的是，好好留意其他人喊出的數字。

小建議

對小朋友來說，規則「向別人要牌時，必須手中也有1張相同的牌」，可能有點難懂。不過，馬上就能知道是否有違規，所以，請小心提醒他們不要犯規。

◆最佳人數 4人（3～7人也可以）

啊，見鬼了！

難易度 B

能力 作戰力 預測能力

分類 1圈決勝負型

先宣告贏牌的次數，能“言行一致”的人，贏牌！

使用紙牌	**1副52張牌（除去Joker）**
紙牌大小	**從大到小，A＞K＞Q＞J＞10＞～＞2**
其他	**白色籌碼1人8個，紅色籌碼1人1個，計分表**

遊戲的勝負

13局結束後，總分最高的人，贏牌。

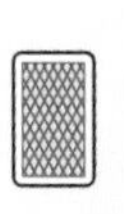

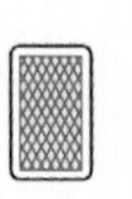

遊戲開始

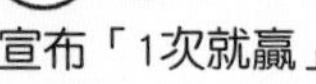
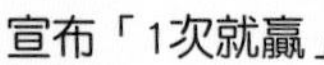

發牌方式

抽牌決定誰當第1個莊家（dealer）。第2局開始，從左側的人依序輪流當莊。第1局，莊家依順時鐘方向，從左側開始，每人發1張牌。然後，翻開下1張牌。翻開牌的花色（組牌）就是王牌（參照第24頁）。這張翻開的牌和剩餘的牌，都不在這局使用。

手牌的排列方式

相同花色（組牌）放在一起，並按照大小順序排列，如此比較容易找牌（參照第97頁）。

1 START

先看自己的手牌，然後預測自己在這局可以贏幾次（幾圈，參照第25頁）。再從莊家左側的人開始，依序用籌碼來宣布預測贏牌的次數。如果預測自己會贏1次（拿下1圈），就出1個白色籌碼，如果預測自己1次都贏不了，就出1個紅色籌碼。第1局只有1圈，所以只能出1個紅色或1個白色籌碼來預測自己輸贏的次數。

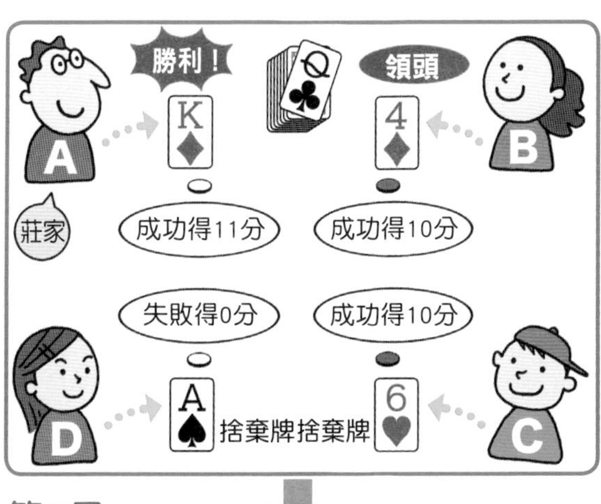

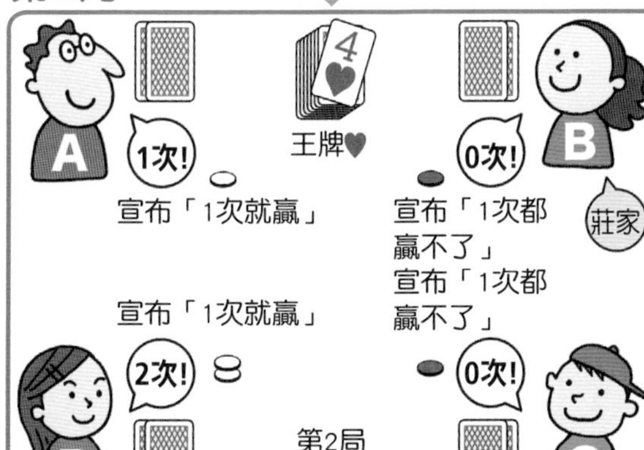

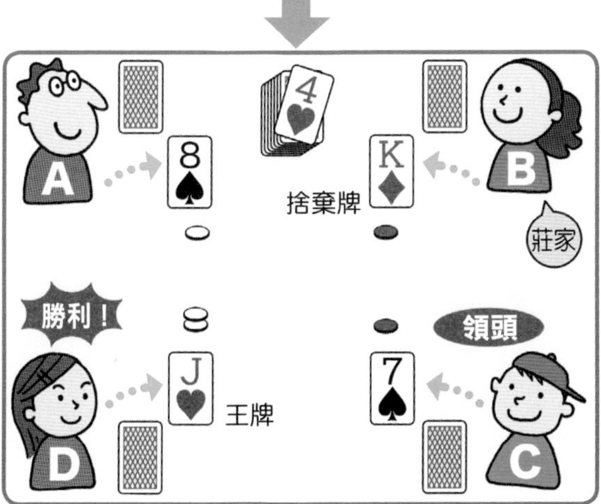

2

各家宣布次數後，從莊家左側的人開始出手牌（稱之為「領頭」），然後再以順時鐘方向，輪流出牌。打出和領頭的牌同花色的牌，其中牌面最大的人，贏得這1圈（但是，如果王牌出現時，王牌就贏牌）。如果沒有同花色的牌，可以出捨棄牌（表示認輸），或出王牌來贏得勝利。如果有2張以上的王牌，就比牌面大小，較大的贏牌。王牌A是所向無敵的牌。贏1圈牌，得1分，如果又猜中贏牌的次數，就再加10分。

3

換左側的人當莊家，開始第2局。莊家把全部的牌混在一起（包括剛才沒用到的牌），然後洗牌。再從莊家左側開始，依順時鐘方向發牌。1人1次1張，每人2張牌。再翻開下1張牌，以決定王牌。一直到第12圈都是同樣的步驟。各家確認自己的手牌，從莊家左側開始，依照順序宣布能贏牌的次數。

4

莊家左側的人是領頭。其他的人，按照順時鐘方向，輪流從手牌中打出和領頭同花色的牌。4個人都打出牌後，與領頭同花色的牌當中，牌面最大的玩家，贏得這圈牌，並成為下一個領頭。但是，當王牌一出現，出王牌的人就得勝。王牌若是複數時，牌面較大的玩家得勝。

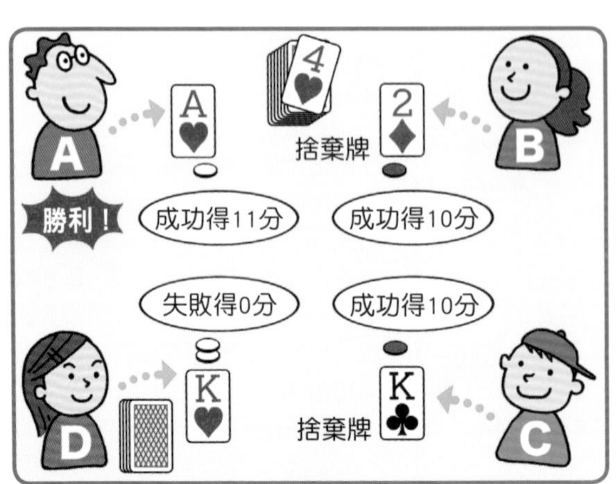

5

之後，就以相同的步驟進行遊戲。手牌中，如果有和領頭同花色的手牌，就必須出牌。如果沒有同花牌時，就打捨棄牌（輸牌），或出王牌（贏牌）。王牌若是複數時，牌面較大的玩家得勝。王牌A是所向無敵的牌。

第3局

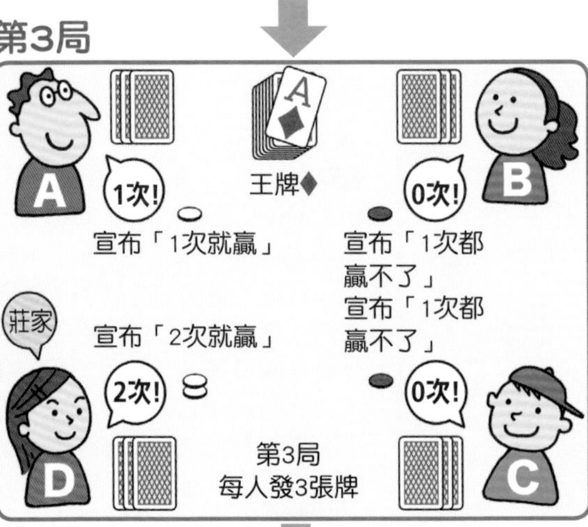

6

同樣的，第3局是每人發3張牌，第4局是每人4張牌。局數每增加1次，每人就多發1張牌。到第13局時，手牌就變成13張，即進行13圈。

7

玩法皆相同，只是圈數逐漸增加而已。宣布次數在6次以上時，宣言時就用紅色籌碼代表5次。籌碼出紅色1個，白色2個，就代表宣布「7圈就贏」。

8

計分的方式是以贏得的圈數來計算。贏1圈算1分。如果又猜中贏牌的次數，就再加10分。也只有猜中贏牌次數時，才能加分。猜太多或猜太少都得不到10分。

第13局

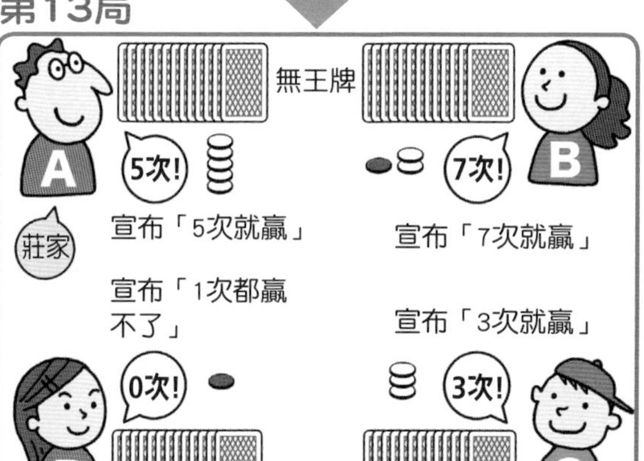

9 FINISH!

在第13局，每人發13張牌。此局，沒有用來決定王牌的紙牌，因此，此局是無王牌的。

第13局的計分結束後，再各自總計13局的得分。總分最高的人就是這次遊戲的優勝者。

必勝訣竅 與其努力要贏牌，不如輸牌來得容易

重點在，觀察了自己的手牌之後，準確地預測贏牌的次數。王牌不多時，在這1圈裡，輸比贏容易得多。此時最好是宣布0次，但是缺點是點數太小。仔細觀察其他玩家是想贏牌，還是想輸牌。

另類玩法

最後的宣言，與眾不同

有一種遊戲規則是，最後一個宣布預測贏牌次數的莊家，不能宣布全部的人都可能成功的預測贏牌次數。[例如，第4局的手牌有4張，一開始3個玩家都出1個白色籌碼，如果莊家也宣布1個白色籌碼，這樣可能會造成全部人都預測成功的結果。因此，莊家必須宣布0或2～4次]。是否要採取這個遊戲規則，可以在遊戲一開始時決定。每次一定會有一個人失敗，所以如果還是在初學者階段，這個規則也許就不太適用。

◆最佳人數 4人（3～6人也可以）

米爾肯

難易度 B

能力 作戰力 運氣

分類 博奕型

到最後一秒，都能讓人緊張刺激，心跳加速！

使用紙牌	**1副52張牌（除去Joker）**
紙牌大小	**A：1，10～2：牌面點數，花牌：0**
其他	**計分表**

遊戲的勝負

留高點數的牌在手裡，才能得高分。參與者人數的局數結束後，總得分最高的人，贏牌。

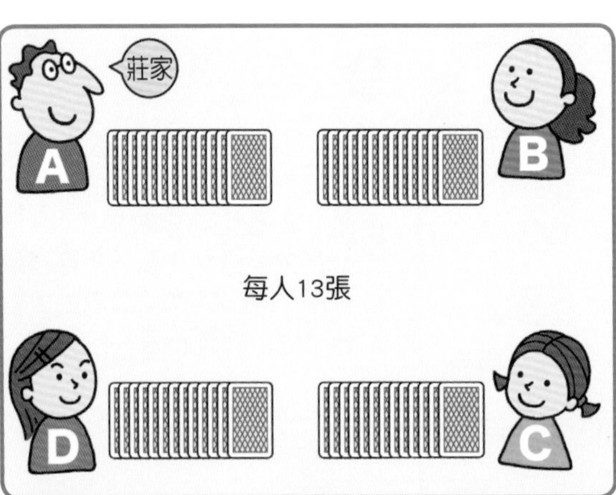

發牌方式

莊家（dealer）依順時鐘方向，從左側開始發牌，1人1次1張，把牌發完為止。有人多拿1張牌也沒關係。

手牌的排列方式

相同花色（組牌）放在一起，並按照大小順序排列，如此比較容易找牌（參照第97頁）。

遊戲開始

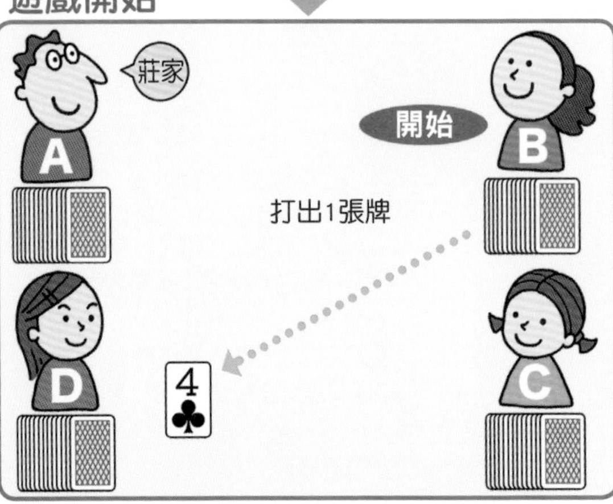

1 START

從莊家的左側開始，依順時鐘方向，輪流進行。輪到自己時，打出1張牌（除了花牌以外，其他的牌都可以）。

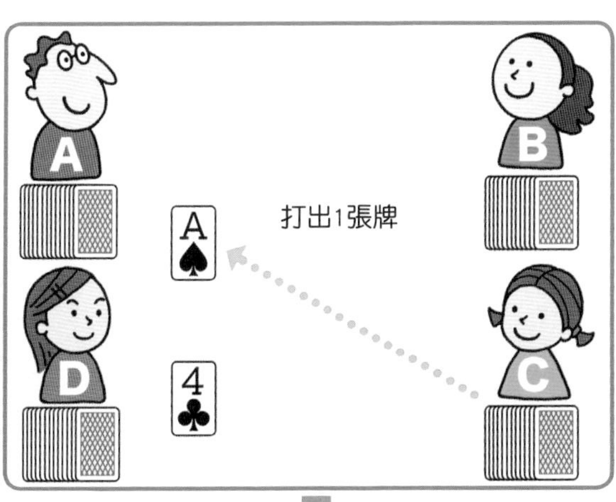

2

然後，依照順序，打出1張手牌。基本上是禁止使用pass，可是如果手牌只剩下花牌時，就可以喊pass。

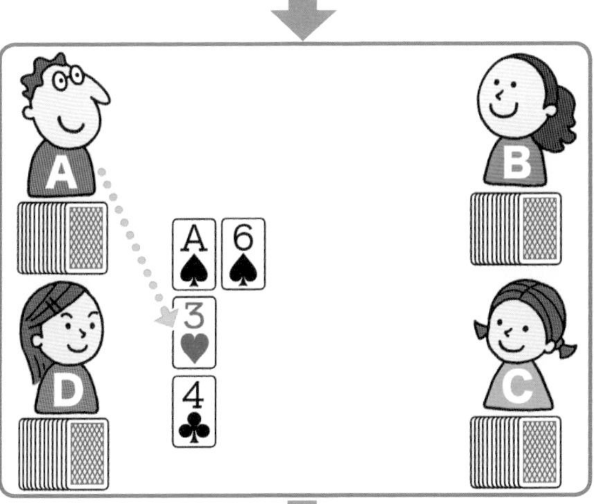

3

各家打出的牌，依照花色分類，排在牌桌中央。例如，♥的牌，就依序排在♥列裡。4個不同的花色，排成4列（如果有尚未出的花色，列數也隨之減少）。

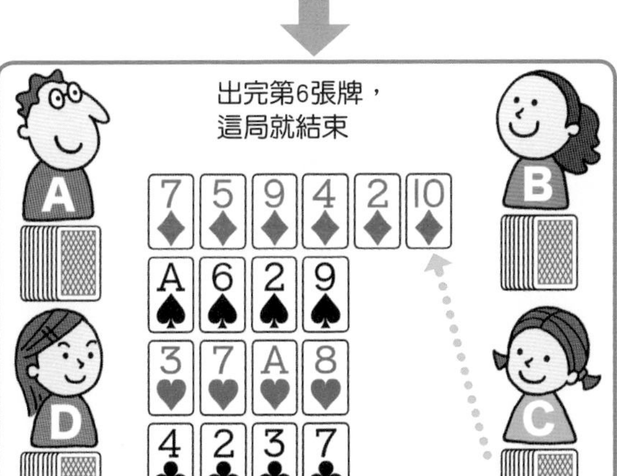

4 FINISH!

其中任何1個花色的排列，只要一達到6張牌，這一局（參照第23頁）就結束。然後，開始計算點數。

計分方式（計分結果）

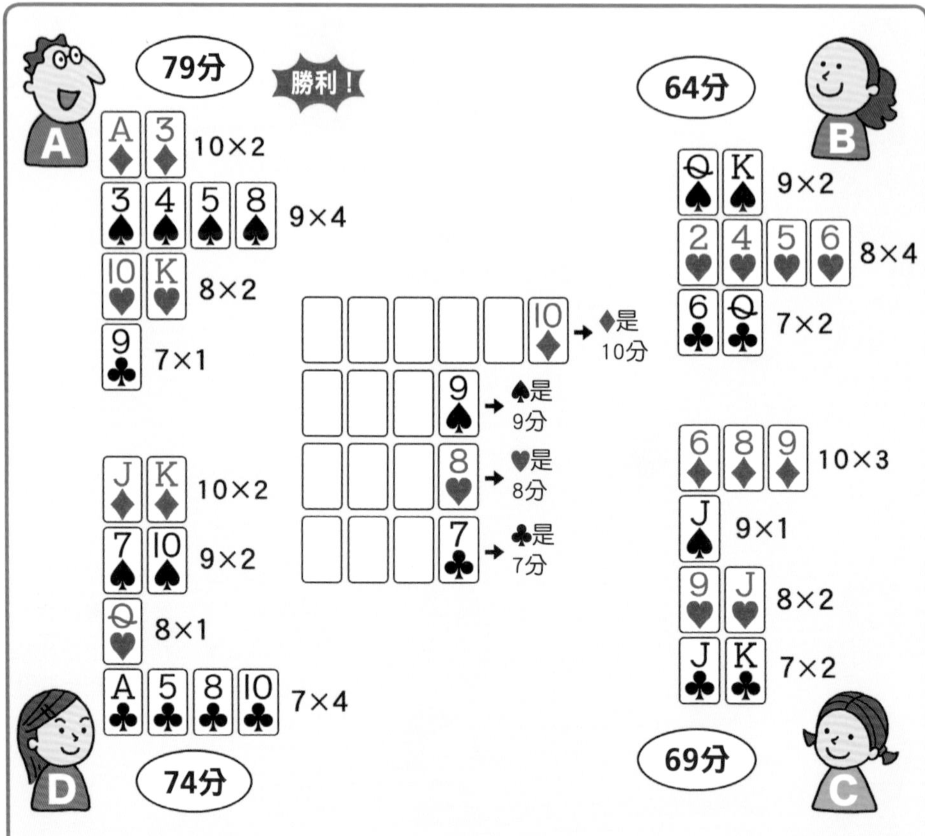

5

計算手牌點數時，手牌中每張花色牌的點數，就等於中央各花色列的最後1張牌的點數。例如，中央◆列的最後1張牌的點數是10，♠是9，♥是8，♣是7時，各家手牌中的◆牌即是10分，♠牌是9分，♥是8分，♣是7分。如果有沒有出現的花色，就算手上有很多張同花牌，也只能獨自飲恨，全部是0分。

6

計分後，莊家換左側的人當，重新開始下一局。一次遊戲的局數是依照參與者的人數來決定。遊戲結束後，計算總得分，並排順位。

必勝訣竅　先出手牌中，花色張數多點數小的牌

當要出各花色列的第5張牌時，需要特別謹慎。反之，如果情況是對自己有利時，可以盡快出第6張牌，及早結束遊戲。然後，最好是先出手牌中，花色張數多，點數小的牌。

大牟田市立 三池歌留多牌（KARUTA）・歷史資料館

1991年，在歌留多牌的發祥地・福岡縣大牟市開設了全日本唯一的歌留多牌專門展覽館。在此可以了解到歌留多牌和撲克牌的淵源和歷史。

歌留多牌是由葡萄牙人傳進日本，並在16世紀末，經由筑後・三池地方的人之手，製造出第一副日本的歌留多牌。在京都，針對一些製造品質比較高的歌留多牌，特別命名為“三池”。

在歌留多牌的發祥地・福岡縣大牟市開設了全日本唯一的歌留多牌專門展覽館。在此展示了許多有關撲克牌、塔羅牌、花骨牌，還有從世界各地蒐集而來的1萬件以上的歌留多牌。並可以在遊戲間內，實際用歌留多牌來玩遊戲。

DATA

福岡縣大牟田市寶坂町2-2-3
TEL 0944・53・8780
開館時間 10：00～17：00
休館日 星期一，元旦假期，每個月最後一個星期四
http：//www.library.city.omuta.fukuoka.jp/pages/karuta/index.html

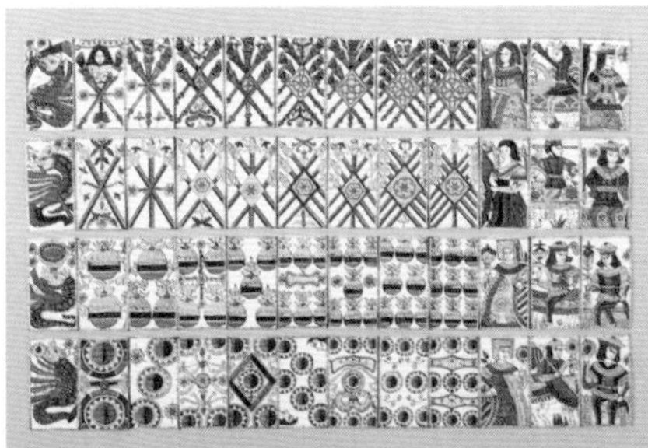

圖解歌留多牌的世界

由三池歌留多牌・歷史資料館所主編的『圖解歌留多牌的世界』中，記載了16世紀末天正年間，在日本製作的「天正歌留多牌」之複刻版（左上），19世紀後半英國製撲克牌（左下）等資料。

◆僅限4人

3圈

規則只要5分鐘，登峰造極要1年？

難易度 B

能力 戰略能力 讀心術

分類 1圈決勝負型

使用紙牌	1副52張牌（除去Joker）
紙牌大小	由大到小，A＞K＞Q＞J＞10＞～＞2
其他	計分表

遊戲的勝負

剛好贏得3圈，得分就最高。4局結束後，總得分最高的人，贏牌。

遊戲開始

發牌方式

莊家（dealer）依順時鐘方向，從左側開始發牌，1人1次1張，每人發13張牌。

手牌的排列方式

相同花色（組牌）放在一起，並按照大小順序排列，如此比較容易找牌（參照第97頁）。

1 START

莊家左側的人從手牌當中，選1張喜歡的牌，然後打出去，遊戲就此開始。並稱之為「領頭」。

2

依順時鐘方向，輪流出牌。各家依序打出1張和頭家同花色的牌。如果手上有同花色的牌，就一定要出。各家都打出1張牌後（稱之為「1圈」），比較各家牌面大小，牌面最大的玩家，贏得這圈的勝利，並當下一圈的領頭。

3

如果沒有和領頭同花色的牌，只有此時，才可以出別的花色的牌。可是，即使是出很大的牌，也沒法贏牌。並稱此為「捨棄牌」。

計分

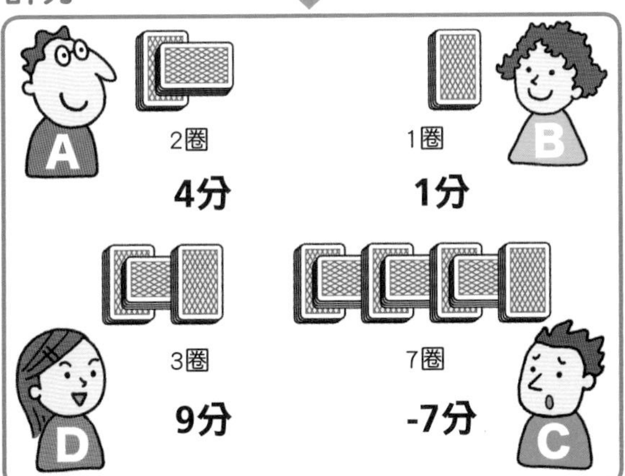

4 FINISH!

贏得1圈的牌（4張牌），不放進手牌裡，擺在前方。如此，可以知道自己總共贏了幾圈。1局玩13圈，結束後，即計分。然後，莊家換成左側的人當，總共進行4局。合計4局各家得分後，總分最高的人是這場遊戲的優勝者。

計分方式

◆計分方式是以每局贏得的圈數來計算。

・贏得0圈：－5分
・贏得1圈：＋1分
・贏得2圈：＋4分
・贏得3圈：＋9分
・贏得4圈：－4分
・贏得5圈：－5分

以下，依照贏得的圈數，就負幾分。

・贏得13圈：－13分

必勝訣竅 以贏2圈為目標，控制贏牌的次數

小心控制贏得的圈數。觀察其他玩家出的牌，進而判斷其手牌為何，並從已打出的牌來調整要贏還是要輸。也許以贏得2圈為目標，比較安全。

◆僅限4人

斯克波內

難易度 B
能力 戰略能力 讀心術
分類 卡西儂型

義大利最夯的雙打遊戲，同心協力的戰友才能一起打勝仗

使用紙牌 **40張牌（A，10～2各4張）也可以用J代替8，用Q代替9，用K代替10，總共40張**

紙牌強度 **10～2：牌面點數，A：1**

其他 **計分表**

遊戲的勝負

拿愈多牌愈好，1組兩家的總分達到11分，就得勝。

★這個遊戲是雙打遊戲。坐對面的兩家為1組。注意，遊戲進行方式為逆時針方向。

發牌方式

莊家（dealer）以逆時鐘方向，從右側開始，每人發3張牌，並牌面朝下。然後，翻開2張牌，放在牌桌中央。再以逆時鐘方向，每人發3張牌，牌面朝下。之後，翻開2張牌，放再牌桌中央。最後，再繼續發給每人3張牌，也是牌面朝下。如此，每家手牌一共9張，桌牌中央有4張牌。如果，翻開的4張牌當中，有3張或4張牌是10時，必須重新發牌。

手牌的排列方式

相同花色（組牌）放在一起，並按照大小順序排列，如此比較容易找牌（參照第97頁）。A放在2的旁邊。

遊戲開始

1 START

從莊家右側的人開始，以逆時鐘方向，輪流出牌。輪到自己時，從手牌中，出1張牌和翻開的牌同點數（數字）的牌，成對後，把牌拿回。另外，即使翻開的牌有2張（或3張）和自己出的牌是同點數，也只能拿回（成對的）2張牌。拿回來的牌，不能放進手牌裡，放在前方，並牌面朝下。

2

另外，桌面中央的數張牌加起來的點數，等於手牌中1張牌的點數時，可以用1張手牌拿回數張中央牌。例如，桌面中央的牌有A和7，而手牌中有8時，就可以用8拿回A和7。

●相加的點數和對子，都可以拿牌時

相加的點數和對子，兩者都可以拿牌時，必須先拿對子。例如，桌面中央有A和6和7，而手牌中有7時，就必須先拿7的牌。不可以拿A和6的2張牌。

3

拿不到桌面中央牌時，或是有牌可拿，卻不想拿時，一樣可以丟1張牌出來。可是，如果丟出來的牌，竟然可以拿回桌面中央的牌時，即使心不甘情不願，也必須把牌拿回來。

4

拿回牌桌中央所有的牌，稱之為「通殺」，可以得1分（為了便於計分，翻開其中1張牌，做標記）。通殺之後的下1家，只能丟1張手牌。另外，如果以最後1張牌通殺時，就不能得1分。

5

全部人的手牌都出完時，開始計分。若最後還有牌留在牌桌中央，就屬於最後拿牌的人。

6 FINISH!

計分結束後，莊家換右側的人當，並進行下1局。任何一組的總分達到11分以上，就算這一組的勝利，遊戲也結束。2組同時達到11分以上時，以最後1局為基準，用①②③④⑤的順序來計算得分，先達到11分的1組，得勝。並非總分高的1組就能贏牌。

計分方式

●合計各組（坐對面的兩個人）拿到的牌，並計分。

①紙牌：手上有21張紙牌以上的1組，得1分。

②塊：拿到6張以上♦牌的1組，得1分。

③黃金：拿到♦7的1組，得1分。

④首席：拿到3張或4張7的1組，得1分。如果各拿了2張7，其中有3張或4張6的1組，得1分。各拿到2張7和2張6時，雙方皆無得分。

⑤通殺：1次得1分。

※①②④可能有平手的可能性。平手時，雙方皆無得分。

必勝訣竅 不讓對方通殺。不讓中央牌總和小於10

重點是，不讓對方的1組通殺。一被對方通殺後，很容易就被連續拿牌。當然，自己也不要錯失通殺的良機。接著是，不讓桌面中央牌的總和在10以下。推測其他人的手牌也是非常重要的訣竅。

小建議

原始遊戲「首席」的規則是相當複雜，本遊戲是屬於簡化版。但是，不會影響到遊戲本身的趣味性。

6個日本撲克牌遊戲的推薦網站

在日本，有很多介紹撲克牌和棋盤遊戲的網站。
作者・草場純從中慎選了6個推薦網站。

親睦村＆遊戲之樹

http://gamenoki.hp.infoseek.co.jp/index.html

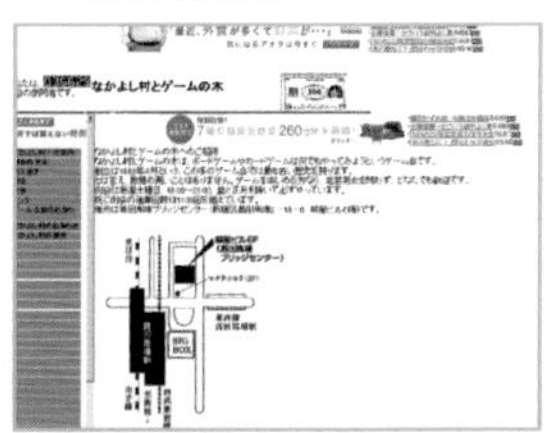

此遊戲協會於1982年成立，由作者・草場純主宰。每週六晚，定期舉行例會。每個月第1個星期六舉辦撲克牌遊戲的講座。另外，每個月舉辦1次大會，每年舉行1次遊戲的集訓活動。

遊戲農場

http://www.gamefarm.jp/

介紹撲克牌、塔羅牌、多米諾牌等200種以上的遊戲規則。在日本是最值得信賴的網站。此網站由撲克牌作家赤桐裕二管理。

棋盤遊戲・聯誼中心

http://www.asahi-net.or.jp/~rp9h-tkhs/bwc.htm

本來主要是以棋盤遊戲為中心的研究社，後來也介紹一些比較特別的撲克牌遊戲。對各種傳統遊戲的介紹也很詳盡。1986年成立，例會每個月1次，在第2個星期日舉辦。

名古屋EJF

http://ejf.cside.ne.jp/ejf/index-ejf.html

以名古屋為活動範圍的傳統遊戲研究社。社團裡有很多撲克牌愛好者，因此，特別成立了「撲克牌部隊分室」。例會每個月2次，在星期六舉辦。

日本遊戲協會（JAGA）

http://homepage.mac.com/jaga_online/index2_JAGA.html

在日本最具規模的棋盤遊戲・紙牌遊戲研究社的組織。撲克牌的愛好者都雲集在此。例會時，也會進行遊戲的現場演練。創立於1986年。

日本合約橋牌協會（JCBL）

http://www.jcbl.or.jp/

這是撲克牌遊戲的最高峰「合約橋牌協會」的日本總部。有7000名的會員，每天都舉辦淘汰賽，並送優勝選手去參加世界大會。

撲克牌遊戲的分類

撲克牌遊戲，只要稍做修改，就可以千變萬化，因此，很難去分門別類。本書嘗試著把傳統撲克牌遊戲分類成下列5種類型。撲克牌遊戲中，「1圈決勝負型」大概就佔了70%，其中比率最低的是「卡西儂型」，剩下的其他3種所占的比率大致相同。

1 1圈決勝負型

牌面有大小之分，每個人拿相同張數的手牌。每1圈依照順序，各家從手牌中打出1張牌，然後一決勝負。是撲克牌遊戲當中，應用最多的形態。

其中沒有評選入本書的遊戲有斯卡特和拿破崙等，特別是合約橋牌被稱之為撲克牌遊戲的最高峰。

●本書遊戲
拳鬥
99
啊，見鬼了！
3圈
黑桃皇后
全軍覆沒

2 拉密型

抽1張牌，就丟1張牌，湊出手牌裡的組合。組合大致在3張以上。

其中沒有評選入本書的遊戲有凱納斯特遊戲，在中南美洲非常盛行。除了撲克牌之外，麻將也屬於此一類型。

●本書遊戲
金拉密
耶尼布

3 卡西儂型

根據桌面中央的牌，打出自己的手牌。目標在拿到牌的張數最多，或拿到點數大的牌。除了撲克牌以外，花骨牌也屬於此一類型。

●本書遊戲
卡西儂
斯克波內

手牌的排列方式

依照遊戲的特徵，變換手牌的排列順序，如此便能集中注意力在遊戲上。手牌的排列方式，大致可分為2種。

「1圈決勝負型」
先分花色，再分大小

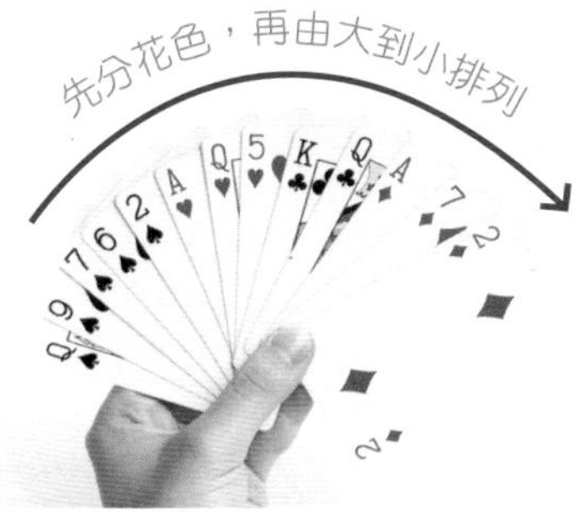

1圈決勝負型的遊戲是，依照花色（組牌），且紅黑牌交錯來排列，以方便找牌。然後，在各花色中，再排大小順序。

「拉密型」「卡西儂型」
依點數（數字）來排列

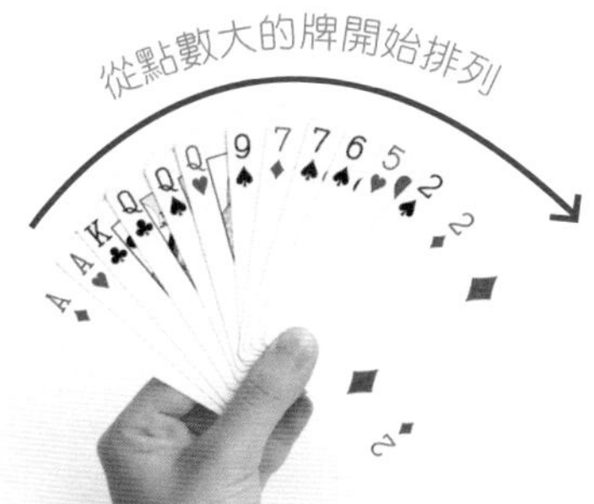

拉密型和卡西儂型的遊戲是，依照順序，從點數（數字）大的牌開始排列。如此，遊戲可以進行的比較順暢。點數大的牌從右側開始或從左側開始皆可。

4 暫停型

根據規則，打出手牌，目的在盡快打完手牌。有些遊戲，相反的需要去收集手牌，或達到一定的張數。

本書當中，在Part 1的部分，有很多簡單的遊戲都屬於此一類型。另外，還有很多適合小朋友的遊戲。除了撲克牌以外，多米諾牌也屬於此一類型。

●本書遊戲

抽鬼牌、牌7
神經衰弱、1234
戰爭、吹牛
最後一張、高爾夫
速度接龍
豬尾巴
去釣魚吧！
大富豪、闔家團圓

5 博奕型

上述4種類型以外的遊戲，分類為博奕型，但並不僅限於賭博性的遊戲。不屬於上述4種類型的遊戲，其實內容五花八門。其中有很多非常特別的遊戲，讓人驚嘆於人類豐富的想像力。除了撲克牌以外，日本株札也屬於此一類型。

●本書遊戲

41、米奇
鉤捕
爾虞我詐
米爾肯
黑傑克
德州撲克
投機

◆推薦人數 5人（4～8人也OK）

大富豪（大貧民）

40年前風靡一時，是日本眾所皆知的遊戲！

使用紙牌	**1副52張牌＋Joker1張（有些遊戲不加Joker，也有放進數張的遊戲）**
紙牌大小	**從大到小，Joker＞2＞A＞K＞Q＞J＞10＞～＞3。這個遊戲不用管花色(組牌)**

遊戲的勝負

最早出完手牌的人，贏牌。

★有各式各樣的玩法，令人眼花撩亂。本書僅採用比較基本的遊戲規則。在遊戲開始前，先和各位玩家確認好遊戲規則，以免認知不同。

發牌方式

莊家（dealer・參照第23頁）依順時鐘方向，從左側開始發牌，1人1次1張，把牌發完為止。各家手牌會有1張牌的誤差。從第2局開始，每次的莊家由上次遊戲最輸的人擔當，也當領頭。

遊戲開始

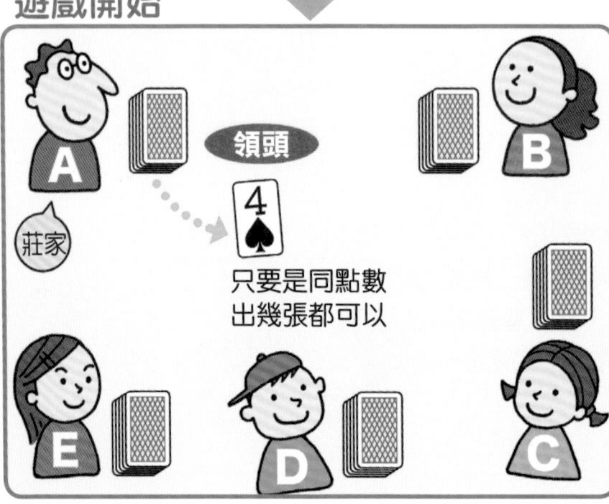

1 START

第1次的莊家可以隨意決定。從莊家自己開始出牌（稱之為「領頭」）。領頭可以出數張（1～4張）同點牌[一般來說，有些遊戲可以出順子（階梯遊戲），有些可以出四條來顛覆以後紙牌的大小順序（革命遊戲），但是這裡都不採用]。

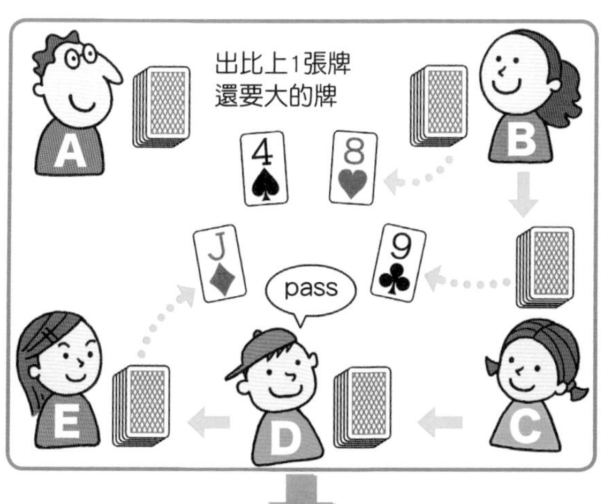

2

領頭出牌後，依順時鐘方向進行遊戲。下家出的牌一定要比上家出的牌還要大。沒牌出時，或不想出牌時，可以喊「pass」。

3

依照排列順序，打出比上一張還要大的牌。只要還有更大的牌可以出，即使是過了1圈，仍可以繼續進行，直到無牌可出為止。就算pass了一次，再輪到自己時，還是可以出牌。

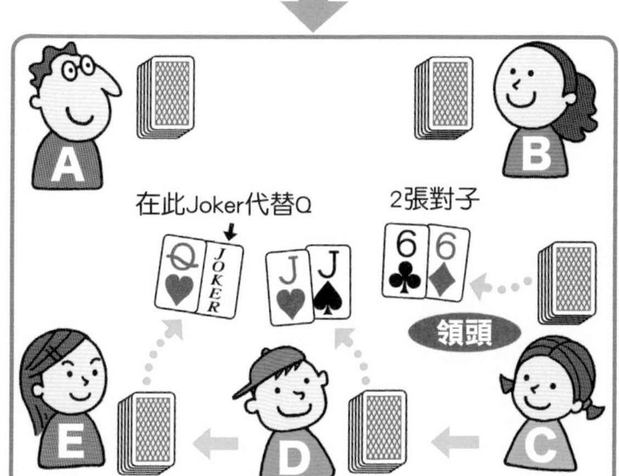

4

如果領頭出2張對子，就必須出更大的2張對子。如果領頭出三條，就要出更大的三條。如果是出四條，就要出更大的四條。Joker可以替代任何其他的牌。但是，領頭不能出5張牌。

●輪1圈後，全部都pass時

5

輪完1圈後，全部的人都喊pass時，就把桌面上翻開的牌全部清除。然後，最後出牌的人重新當領頭。領頭可以出任何的牌。

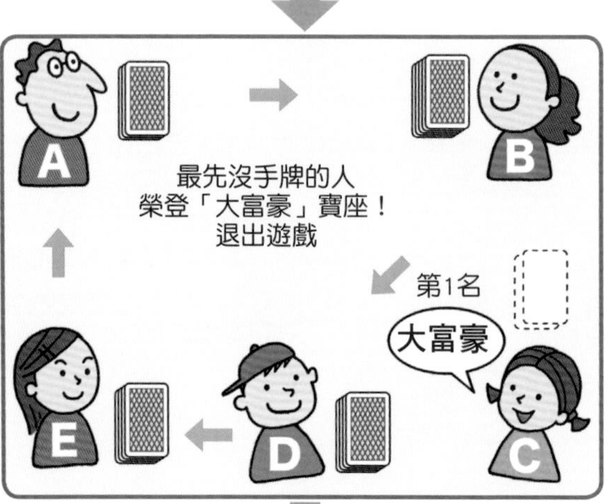

6

最先沒有手牌的人就成了「大富豪」。然後，其他的人再繼續進行遊戲。如果全部的人都pass時，就由「大富豪」左側的人當領頭。

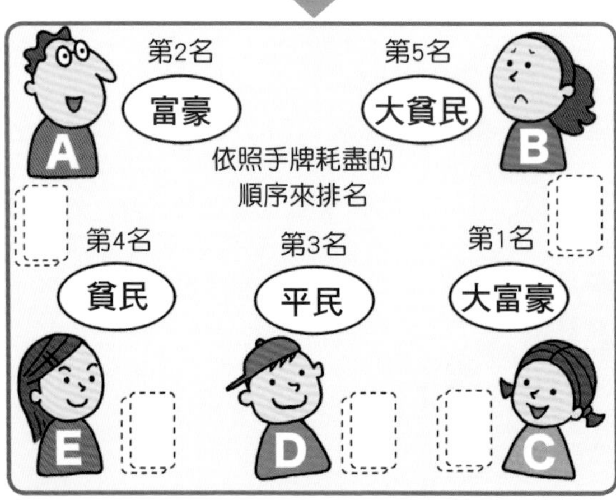

7 FINISH!

最後，依照手牌耗盡的順序，排名。從上到下，第1名榮登「大富豪」寶座，第2名是「富豪」，第3名是「平民」，第4名是「貧民」，第5名是「大貧民」。

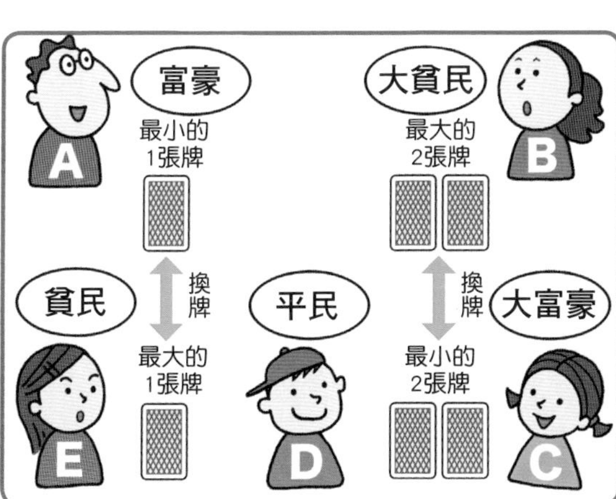

8

第2局以後，上一回當大貧民的人成為莊家。然後，從剛發的手牌當中，大貧民選2張最大牌(點數最大)交給大富豪，大富豪則交給大貧民2張最小牌。另外，貧民把手牌中1張最大牌交給富豪，富豪則交給貧民1張最小牌。

之後，由大貧民當領頭重新開始進行遊戲。

必勝訣竅　小牌趕快丟，技巧運用大牌

重點在如何處分小牌，什麼時機出大牌。當然也可以在一開始的時候，多用pass來保留大牌，可是，也可能有助長他人快速脫手的危險性。盡量爭取往上跳級的機會。

另類玩法

連續牌（3張以上）也OK

一般而言“階梯”遊戲的規則是，出3張以上同花順。下家必須也出同張數，並且最高點數（數字）必須大過上家的最高點數之連續牌。當然，3張(以上)都必須是同花色。

出「四條」拼“革命”!?

一般而言“革命”遊戲的規則是，出4張同花順。只要輪到自己，就可以出牌。之後，紙牌點數的大小順序就完全顛倒過來。只要有革命發生，皆可以顛覆點數的大小順序。但是，下1局一開始，又回復到原有的順序。

◆推薦人數 4～7人（2～10人也OK）

黑傑克

手牌點數最接近21點的人，贏牌

難易度 A

能力 算術能力 決斷力

分類 博奕型

使用紙牌	1副52張牌（除去Joker）
紙牌點數	花牌（K、Q、J）：10，10～2：牌面點數，A：1或11
其他	需要籌碼[例如，每人白色（1點）10個，紅色（5點）10個] 這是莊家和其他玩家之間的競賽，所以莊家需要準備充分的籌碼

遊戲的勝負

不讓2張（以上）牌的總和超過21點，並且盡量接近21點。最後，取得籌碼愈多的人，勝利。

遊戲開始

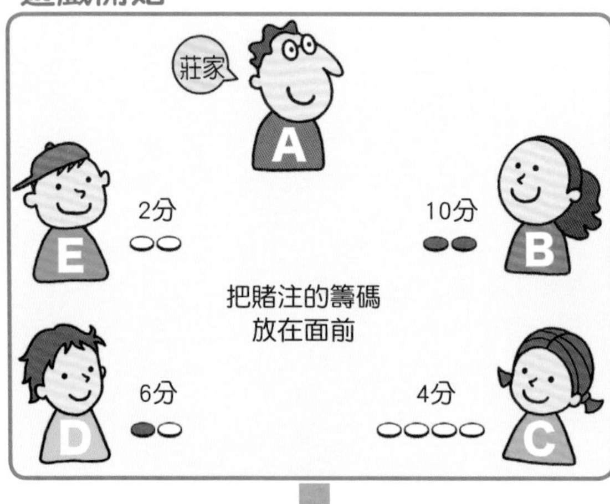

1 START

首先（莊家之外的）玩家（參照第23頁）把賭注的籌碼放在面前。莊家可以事先決定最高賭注。

發牌方式

莊家（dealer）依順時鐘方向，從左側開始發牌。1人1次1張，每人發2張，牌面朝上。莊家發給自己1張翻開牌，1張蓋牌。剩餘牌當做堆積牌，並放在莊家附近。

此時，其他玩家的2張牌，如果是A和花牌或10的組合時（總和為21點），就稱之為「黑傑克」或「天生21點」）。

●「爆牌」時

2

接下來，由莊家左側的人開始，決定是否要從堆積牌中拿1張牌，或是不拿。若手牌的點數總和在20點以下，1次拿1張，可以拿數次。若是21點以上，就不能再拿牌。22點以上，稱之為爆牌（Bust），籌碼被莊家沒收。

●剛好「21點」時

從堆積牌中抽1張（以上）牌後，手牌的總和剛好是21點時，就不能再抽牌。此時，還不需要動到籌碼，保持原封不動。

●「21點」以下時

從堆積牌中，抽1張（以上）牌，若手牌總和在21點以下，就判斷是否要再抽1張牌。當然，總和愈靠近21點，牌面雖然愈來愈大，可是接近爆牌的機率也逐漸提高。

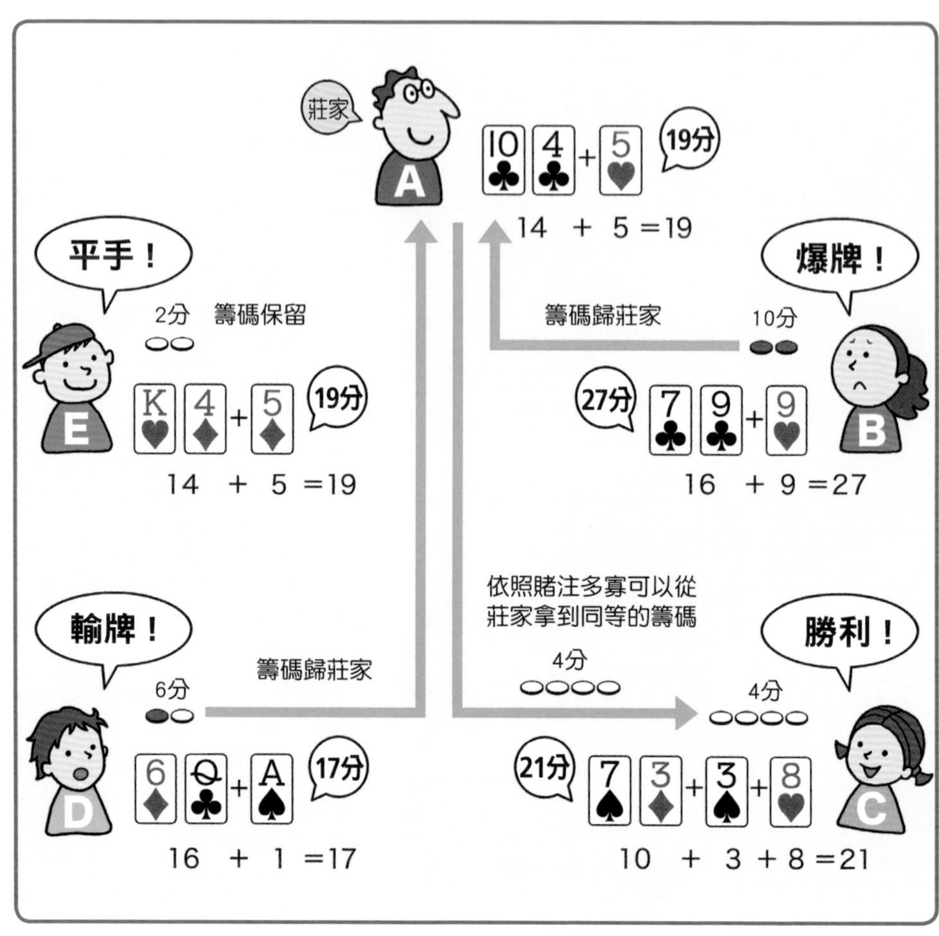

3 FINISH!

全部人都決定好抽牌與否後，換莊家翻開自己的蓋牌。2張牌的總和在16點以下時，莊家必須再抽1張牌。莊家的2張牌如果是17點以上時，就不能再抽牌。

●2張牌的總和是21點時，就表示莊家勝利，可以拿走所有的籌碼。但是，其他玩家如果是黑傑克時，就算平手，籌碼保留不動。

●2張牌的總和在22點以上時，算莊家輸牌。莊家必須還給各家所下賭注的同等籌碼。但是，已經爆牌的人，仍然輸牌。

●依照遊戲結果，莊家和其他玩家之間的籌碼分配

1 **莊家剛好21點：**玩家的籌碼必須全部交給莊家。但是，玩家也是黑傑克時，就算平手。

2 **莊家爆牌（22點以上）：**莊家必須給回玩家所下賭注的同等籌碼。還有，當玩家是黑傑克時，必須付給玩家1.5倍的籌碼。

3 **莊家是17～20：**莊家和玩家之間，比較牌面點數，牌面大的贏。若玩家輸，籌碼全被沒收。若玩家贏，可以拿回和所下賭注同等的籌碼。另外，當玩家是黑傑克時，莊家必須付給玩家1.5倍的籌碼。

4 **同點數：**平手，籌碼保留不動。玩家就算以3張以上的牌達到了21點，也不能算是黑傑克，雖然不輸牌，可是也拿不到1.5倍的籌碼。

必勝訣竅 **是否從堆積牌中抽牌，就依出牌的狀況決定**

因為花牌相對比較多，看準花牌的出牌狀況，來判斷莊家的爆牌指數。有一種判斷方法是根據自己手牌的大小和莊家翻牌的大小，來判斷是否要抽牌，但是，由於過於複雜，還是從遊戲進行當中，慢慢學習如何判斷，比較切實。

另類玩法

「分牌」

發下來的2張牌是同點數時，可以追加同額的籌碼，並分牌。因為可以決勝負2次，特別是A的對子和8的對子，最好是要分牌。而5的對子和4的對子就不要分牌，可能比較妥當些。

「加倍下注」

看了發下來的牌以後，可以決定是否要加倍下注。加倍下注後，就只能再抽1張牌。2張牌的總和是11時，贏的幾率滿高，可以嘗試加倍下注。

「棄牌」

拿追加牌以前，如果認為自己不可能贏牌時，可以退出不玩。此時，莊家可以拿走一半的籌碼（相反的，就可以拿回一半的籌碼）。當然，並不是非常有利的方式。

「保險」

莊家翻開的牌是A時，玩家可以把自己一半的籌碼先交給莊家，做為保險。果真莊家成了21點時，就等於平手。不是21點時，籌碼全被沒收。這個玩法，並不推薦。

◆推薦人數 5人（3～6人也OK）

黑桃皇后

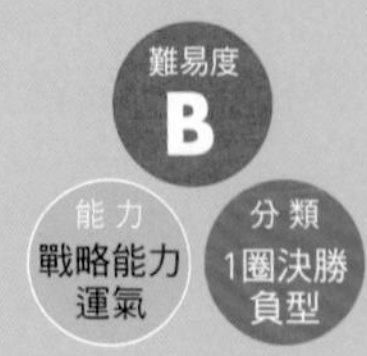

不拿牌的人，反而贏牌，逆向思考遊戲

使用紙牌	**1副52張牌（除去Joker）**
紙牌大小	**從大到小，A＞K＞Q＞J＞10＞～＞2**
紙牌點數	**♥牌13張：各-1點， ♠Q：-13點，其他的38張：0點**
其他	**計分表**

遊戲的勝負

絕對不能拿到♥牌，特別是♠Q。總分愈靠近0分的玩家，最贏。

開蓋牌

A B 莊家

每人各發10張牌
1張翻開，1張蓋住

E D C

發牌方式

莊家（dealer）依順時鐘方向，從左側開始發牌。1人1次1張，每人共10張牌。剩餘的2張牌，1張翻開，1張蓋住，並稱這2張牌為「開蓋牌」。

手牌的排列方式

相同花色（組牌）放在一起，並按照大小順序排列，如此比較容易找牌（參照第97頁）。

準備遊戲

1

首先，各家先觀察好自己的手牌，並選出不要的2張牌，蓋牌後，交給右側的人。再回去拿左側的人給的牌，並放進手牌裡。

2

再蓋1張牌，並交給右側的人。然後，再回去拿左側的人給的牌，放進手牌裡。一共傳給右側的人3張牌，手牌總和為10張牌。如此，遊戲準備妥當。

遊戲開始

3 START

莊家左側的人開始（稱為「領頭」），從手牌中選1張牌，放在桌面。之後，依順時鐘方向，輪流出1張和領頭相同花色的牌。參與者全部出完牌後（稱為「1圈」），同花牌中，出最大牌的人，贏牌，可以拿回全部的牌。收回來的牌，不放進手牌裡，放在靠近自己的地方。贏牌的人，當下一圈的領頭。

4

如果沒有和領頭同花色的牌可出，此時可以出其他花色的牌。可是，即使是出大牌，也無法贏牌（稱之為「捨棄牌」）。然而，這個遊戲，輸牌比較有利，所以捨棄牌愈多愈有利。

5

例如，領頭出的是♣的牌，如果沒有♣的牌，可以把負面的♥或♠Q牌當做捨棄牌，讓出♣牌面大的人收回去。

6 FINISH!

遊戲玩10圈即結束。贏得最後1圈的人，要拿回「開蓋牌」的2張牌。

●計分表的範例

局 / 玩家	1	2	3	4	5	合計	排名
A	−1	−18 / −19	0 / −19	0 / −19	−4	−23	**2**
B	−5	−2 / −7	0 / −7	−13 / −20	−15	−35	**5**
C	−3	0 / −3	−26 / −29	0 / −29	−1	−30	**4**
D	−3	0 / −3	0 / −3	−8 / −11	−2	−13	**1**
E	−14	−6 / −20	0 / −20	−5 / −25	−4	−29	**3**

7

計算方式為，拿到♥1張-1分，♠Q1張-13分。各家計算自己的分數。這個遊戲，最高分是0分。

計分結束後，從莊家左側的人開始進行下1局。進行5局後，負分最少的人，最贏。

必勝訣竅　一定要拿♥的小牌和♠的J以下的牌

重點是傳給隔壁家何種牌。選一種特定的花色，全部丟給他人，如此就可以在此花色成為領頭花色時，把♠Q當做捨棄牌，強制地交給別人。另外最好拿住♥的小牌和♠的J以下的牌，不要傳出去。留住♠Q牌，有時也還滿安全的，若不想要，在傳（第2次）1張牌時，傳出去。

另類玩法

4個人玩時，用4張「開蓋牌」

4個人玩牌時，每人各發12張，並放4張「開蓋牌」。4張「開蓋牌」裡，其中2張是蓋牌，另外2張翻開。其他的規則和5個人時相同。

◆推薦人數 6～9人（3～10人也OK）

闔家團圓

推理能力和記憶力讓你贏得這場“闔家團圓”的遊戲

使用紙牌 1副52張牌（除去Joker）

遊戲的勝負

收集4張1組（同點數）的牌愈多的人，最贏。

發牌方式

莊家（dealer）依順時鐘方向，從左側開始發牌。1人1次1張，牌全部發完為止。有人多1張牌，也沒關係。

手牌的排列方式

相同花色（組牌）放在一起，並按照大小順序排列，如此比較容易找牌（參照第97頁）。

遊戲開始

1 START

從莊家左側的人開始進行，可以向任何人要牌。例如，喊「F，請給我♥8！」。重點是，要牌的人必須在手牌中也有1張與自己要求的同點牌。總之，自己手中沒有同點數的牌，就不能向別人要同點牌（花色無關）。

若沒有牌，就回答「沒牌!」或「沒有！」

●F手中有「8」時

如果被要求出牌的人，剛好有那張牌，就必須把牌面朝上，交給猜中的人。

2

猜中了，還可以繼續猜，猜不中，輪到下家（左側的人）。只要能持續猜中，就能一直猜下去。要求同樣的牌（花色不同）或不同的牌（至少自己要有1張牌），向同一人要牌或不同人要牌，都可以。但是，就是不能pass。

3

湊到4張牌時，翻開並放在自己前面。這4張牌稱為「1組牌」，總共有13組牌。

4 FINISH!

每個人的手牌都用盡了，就遊戲結束。1組牌得1分，得分最高的人，贏牌。同分時，手牌先用完的人贏。也可以依照得分高低，排順位。

必勝訣竅 牢記各家手牌之間的轉移

從不能說自己手中沒有的點數以及牌的移動情形，可以推測出各家的手牌內容。因為不能收集自己手牌中沒有的牌，因此只需好好記住和自己有關的訊息。

小建議

請注意，明明自己沒有的點數，卻說有，有牌，卻說沒有時，會讓這個遊戲混亂，很難再玩下去。

全日本德州撲克牌選拔賽（AJPC）

為了廣為宣傳世界聞名的德州撲克牌以及培育優質玩家，
終於，於2007年，舉辦了首次全日本德州撲克牌選拔賽。

每年都有8000人以上的撲克牌高手從世界各地趕來參加位於美國拉斯維加斯，世界最大型的德州撲克牌錦標賽「WSOP」的盛會，目的在於爭奪最高獎金的15億日圓。

因此，為了要在日本舉辦世界聞名的競賽－德州撲克牌，以及培養世界級的日本人玩家，於2007年，成功舉辦了全日本首次的德州撲克牌選拔賽。並頒發了獎杯、獎狀和WSOP出賽權，來回機票&住宿給幸運的優勝者。

這場德州撲克牌選拔賽首先在東京、大阪舉行初賽，最後在東京進行決賽。WSOP和全日本德州撲克牌選拔賽所採用的大會規則為「德州撲克(Texas Hold'em)」。

http://www.ajpc.jp/

在全日本德州撲克牌選拔賽當中，包含有女子選手賽和銀髮族選手賽，一共分成3個項目爭奪冠軍。優勝者為坂本邦彥先生（左）和佐藤友香小姐（中）。

◆推薦人數 6～10人（2～15人也OK）

德州撲克

難易度 C
能力 讀心術 拉鋸戰
分類 博奕型

介紹世界各地流行的國際標準「德州撲克（Texas Hold'em）」遊戲

使用紙牌	1副52張牌（除去Joker）
使用紙牌	由大到小，A＞K＞Q＞J＞10＞～＞2。德州撲克牌無分花色（組牌）大小
其他	每個人需要準備60點的籌碼。白色（1點）10個，紅色（5點）10個。

遊戲的勝負

最後能獨占所有籌碼的人是勝利者。為了要贏得籌碼，可以用下賭注的方式，讓其他的玩家因畏縮而退場，或是以最強勢的牌組和在場的玩家一決勝負。

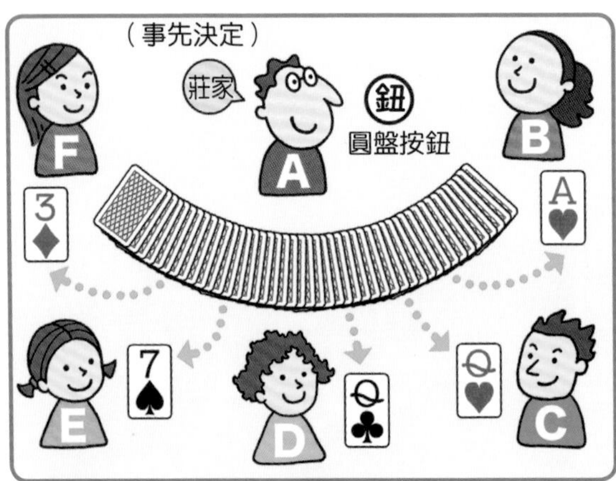

★通常「德州撲克（Texas Hold'em）」都會事先決定專任的莊家（dealer），負責發牌和籌碼的分配，本遊戲也採用此一方式。當然，莊家也可以輪流擔當。此時，可以放一個圓形按鈕在莊家面前，並按照順序把圓形按鈕往左側移動，當做標記。

莊家決定圓形按鈕的位置，從左側開始，每人發1張的牌，牌面朝上，比較誰的牌面最大（此時，大小順位為♠＞♥＞♦＞♣）。然後，把圓形按鈕放在其前方。下一步，開始進行遊戲。在此之前，先說明撲克牌組（poker hand）

「撲克牌組（poker hand）」的種類

撲克牌組是由5張牌所構成，總共有9種牌組。
同一牌組之間，也有大小之分，先從最大的牌組開始說明。

	最大牌組	最小牌組
1・同花順 相同花色的連續牌。例如，♥8♥7♥6♥5♥4。同牌組時，比較最大牌的大小。A在A・K・Q・J・10的牌組是最大，但是在5・4・3・2・A是最小。此外，K・A・2的排序是不被承認的。	10♠ J♠ Q♠ K♠ A♠	A♥ 2♥ 3♥ 4♥ 5♥
2・四條 湊齊4張同點牌。剩下的一張，任何牌都OK。例如，J・J・J・J・4。同樣是四條時，比較構成四條牌的大小，以決勝負。4張相同時，比剩下的1張牌（牌腳・kicker）。	K♦ A♣ A♦ A♠ A♥	3♦ 2♠ 2♥ 2♣ 2♦
3・葫蘆 同點牌3張和另外的同點牌2張的組合。例如，9・9・9・3・3。同樣是葫蘆時，比較同點3張牌的大小。如果，同點3張牌相同時，比較同點2張牌。若再相同，就平手。	K♠ K♥ A♣ A♦ A♠	3♥ 3♣ 2♦ 2♠ 2♥
4・同花 5張牌全同花。例如，♣Q♣8♣7♣4♣2，任何數字皆可。同樣是同花時，比較彼此最大的牌，牌大的玩家贏牌。	9♣ J♣ Q♣ K♣ A♣	2♦ 3♦ 4♦ 5♦ 7♦

	最大牌組	最小牌組
5・順子 5張連續數字。A只能用在A・K・Q・J・10（代表最大）和5・4・3・2・A的順子（代表最小）。不可以夾在3・2・A・K・Q中間。同樣是順子時，比較最大的牌，牌大的玩家贏牌。	10♠ J♥ Q♣ K♦ A♠	A♣ 2♦ 3♠ 4♥ 5♣
6・三條 3張同數字的組合。例如，K・K・K・9・5。剩下的2張（稱之為「牌腳（Kicker）」），任何牌都可以。同樣是三條時，比較3張牌的大小，牌大的贏牌。如果再相同，比其他2張牌中的大牌，又相同時比較第5張牌，若再一樣，就成平手。	Q♦ K♦ A♠ A♥ A♣	4♦ 3♣ 2♦ 2♠ 2♥
7・兩對 5張當中有2個對子。例如，A・A・6・6・J。同樣是兩對時，比較大的對子，如果相同，比較小的對子。又相同是，比剩下的1張（牌腳・Kicker）。若再一樣，就成平手。	Q♣ K♦ K♠ A♥ A♣	4♦ 3♠ 3♥ 2♣ 2♦
8・一對 牌組中有一對。例如，4・4・A・8・5。同樣是一對時，比較對子的大小。如果相同，從3張牌腳中，最大的牌開始比大小。若再一樣，就成平手。	J♠ Q♥ K♣ A♦ A♠	5♥ 4♣ 3♦ 2♠ 2♥
9・無對子 不屬於上述1～8的任何牌組。同樣是無對子時，從最大的牌開始比大小。若全相同，就成平手。	9♣ J♦ Q♠ K♥ A♣	2♦ 3♠ 4♥ 5♣ 7♦

遊戲開始

1 START

圓形按鈕左側的人拿1個籌碼，放在自己面前，稱之為「小盲注（small blind）」。其左側的人拿2個籌碼，放在自己面前，稱之為「大盲注（big blind）」。莊家發牌，1人1次1張，每人2張牌。發玩牌後，就開始

「下賭注」的動作

- ●不下注（check）：不下任何賭注。不可以在跟注（bet）之後。
- ●跟注（bet）：這圈遊戲一開始所下的 1 個以上的籌碼。
- ●不玩（fold）：從此局退出不玩（亦稱之為「蓋牌」或「棄牌」）。
- ●加注（call）：和上家（除了已經不玩的玩家以外）出相同的賭注。
- ●再加注（raise）：比上家（除了已經不玩的玩家以外）出更多的賭注。

「下賭注」的原則

①不玩的玩家退出此局。除了一個人以外，其他全部不玩時，剩下的人贏牌，並可以拿回全場下的賭注。此時，不用翻開手牌。

②不想不玩時，必須要加注或再加注。對上家的不下注，可以喊不下注的加注。

③除了已經不玩的人以外的籌碼（賭注）都到齊後（除了已經不玩的人之外的全部玩家都加注後），就可進行下1圈的遊戲。

第一次的「下賭注」

2

從出大盲注（出2個籌碼的人）的左側開始，從下列的動作，選擇一個。

・出2個籌碼，喊「加注」。
・出4個籌碼，喊「再加注」。
・1個籌碼也不出，喊「不玩」。

不玩時，棄牌，到1局結束為止，只能觀戰。

這個「下賭注」的動作，各家輪流進行。出「小盲注」的人（一開始出1個籌碼的人），不管是加注或再加注，都可以少1個籌碼（只是先出了而已，結果也是一樣數目）。

●「自由再加注」時

大盲注的人拿出2個籌碼後，特例允許再加注，稱之為「自由再加注」。再加注後，直到全部人都喊完後，只有尚未棄牌的人，可以繼續下賭注。如果大盲注的人不想再加注，只要喊「不下注」，就可以結束第1次的賭注。

●除了1個人之外，其他的人全部不玩時

到了這個階段，除了1個人之外，其他人全部都棄牌時，就算最後留下的人贏牌，可以拿回所有桌上的賭注，並把圓型按鈕往左側移到下1位。然後，收回所有的牌，洗牌，再回到第1步驟，進行下1局。

● 翻開「公開牌」

第2次「下賭注」

● 「再加注」時

3

除了棄牌的人，如果還剩2人以上，就由剩下的人進行下一圈賭注。並把所有的賭注，集中到牌桌中間（稱之為「籌碼堆」）。之後的1圈，即爭奪這個籌碼堆。接下來，莊家先捨棄堆積牌的最上面1張牌，但不能翻開，然後，再翻開3張牌，並放在牌桌中央。這3張牌稱之為「公開牌」，也是剩下來的人的共通牌。全部人用這3張牌和自己的手牌組合成撲克牌組。

4

剩下來的人當中，以靠近圓盤按鈕左側的人開始進行。可以喊「不下注」，喊「加注」並下2個籌碼，喊「再加注」並下4個籌碼，或喊「不玩」。此時也是，除了1個人之外，其他人全都棄牌時，剩下來的1位就贏牌，可以拿回整個籌碼堆的賭注，並結束此局。然後，再回到第1步驟，開始下1局。

只要有人喊「加注」，就進行下1圈。若有人喊「再加注」，就必須針對此一「再加注」喊「加注」或「再加注」。例如，剩下3個人，B下2個籌碼並喊「跟注」，C下2個籌碼並喊「加注」，F下4個籌碼並喊「再加注」時，B就必須針對這個「再加注」的動作，決定是要棄牌，或下2個籌碼並喊「加注」，或下4個籌碼喊「再加注」（重新再加注）。此時也是，除了1個人之外，其他人全都棄牌時，剩下的1位就贏牌，可拿回整個籌碼堆的賭注，並結束此局。然後，再回到第1步驟，開始下1局。

●翻開「第4張公開牌」

5

最後的加注結束後，進行下1圈。上1圈的賭注，全部歸到籌碼堆裡。莊家先丟掉1張牌面朝下的堆積牌頂牌，然後再翻開1張牌，稱之為「第4張公開牌」。這第4張牌和其他的公開牌合起來總共是4張牌，是屬於參與者大家共同的牌。

第3次

莊家
鈕
F
A
B
紅1
白3
①不玩
②加注
白4
+
白4
E
D
C

6

剩下來的人當中，以靠近圓盤按鈕左側的人開始進行。可以喊「不下注」，喊「跟注」並下4個籌碼。其他沒棄牌的人，喊「加注」並下4個籌碼，或喊「再加注」並下8個籌碼，或「不玩」。此時也是，除了1個人之外，其他人全都棄牌時，剩下的1位就贏牌，可拿回整個籌碼堆的賭注，並結束此局。然後，再回到第1步驟，開始下1局。請注意，以後不論是跟注還是再加注的單位，就提高為4個籌碼。所以，針對8個籌碼的再加注，就增加為12個籌碼。

7

最後的加注結束後，進行下1圈。而上1圈的賭注，全部歸到籌碼堆裡。

●翻開「最後1張牌」

8

莊家先丟掉1張牌面朝下的堆積牌頂牌，然後再翻開1張牌，稱為「最後1張牌」。這最後1張牌和第4張公開牌和其他的公開牌，一共是5張牌，是參與者大家共同的牌。

第4次「下賭注」

9

剩下來的人當中，以靠近圓盤按鈕左側的人開始進行。可以喊「不下注」，喊「跟注」並下4個籌碼。其他不退出的人，喊「加注」並下4個籌碼，或喊「再加注」並下8個籌碼，或「不玩」。此時也是，除了1個人之外，其他人全都棄牌時，剩下的1位就贏牌，可拿回整個籌碼堆的賭注，並結束此局。然後，再回到第1步驟，開始下1局。

「攤牌」（showdown）

10

此時，最後的加注結束後，從最後1圈，最後再加注的人（若無再加注，從最先不下注或跟注的人）開始攤牌（showdown）。從桌面上翻開的5張牌和自己的2張手牌裡，湊出最強的撲克牌組，然後各家比大小。其中，擁有牌組最大的人可以拿回整個籌碼堆。優勝的人不只一位時，大家平分籌碼，無法均分的多餘籌碼給最靠近圓形按鈕左側的人。

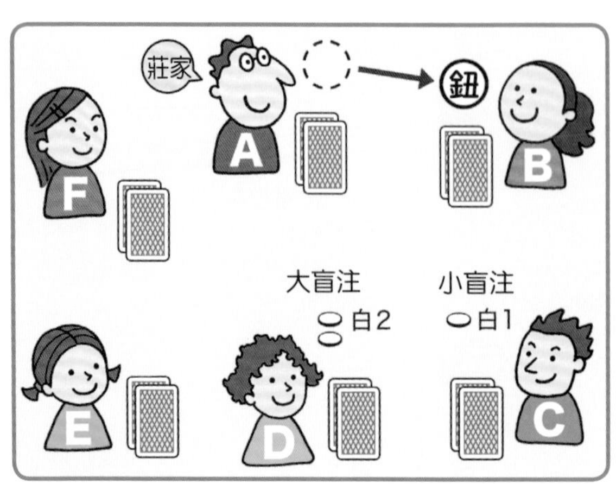

11 FINISH!

至此，1局結束，圓形按鈕往左順移1個位置，並回到第1步驟。籌碼耗盡的人，退出遊戲，也不用再發牌給他。

如此，逐漸一個個人退出遊戲，最後留下的人就獲得最後的勝利。

●「全押」時

遊戲途中，如果手中的籌碼不夠時，可以把自己僅存的所有籌碼都下注，但也僅能以所下的賭注數目，來決勝負。稱此一動作為「全押」。

當「全押」出現時，為了配合全押的籌碼數，把其他人多下的賭注，再開第2個彩池（side pot）。喊「全押」的人，對第2個彩池沒有任何的權利，並且到攤牌為止，也不用做棄牌或下賭注的任何動作。此時，主彩池和第2彩池可能各出現1位優勝者（當全押的人擁有很強的牌組時）。

必勝訣竅　每局只有一位勝利者，若是小牌組就趕快棄牌

擁有小牌組時，趕快棄牌是為上策。因為，德州撲克在 1 局中，只能有1位勝利者。不管是對子、同花，或牌腳，A永遠是大牌，拿到A就勝利在望。

另類玩法

「換牌撲克（draw poker）」

「換牌撲克」是一個很古老的玩法。首先，必須下1個籌碼的「頭注（Ante）」，然後再每人發5張牌。此時，會有第1次的賭注，留下來的人，可以從手牌中選0～5張牌和堆積牌換牌。之後，進行第2次的賭注，如果只剩下1位玩家，此玩家就獲勝。剩下2人以上時，攤牌決勝負，牌大的人贏牌。

「七種種馬撲克牌（seven stud poker）」

「七種種馬撲克牌」在下完頭注後，每人發2張牌面朝下的牌，1張牌面朝上的牌，一共發3張。然後，開始第1次下注。之後，再發給留下來的人，1張翻開的牌，並進行第2次下注。接著，同樣的再發1張翻開的牌，重複下2次賭注。最後再發給留下來的人，1張蓋牌，再下第5次賭注後，攤牌。從拿到的7張牌中，選5張做為牌組來比大小。

◆推薦人數 7～9人（4～12人也OK）

投機

不知道自己商品質量的好壞，強行推銷賣出！

使用紙牌 54張牌。加2張Joker。有3張就加3張，1張也可以。

紙牌大小 由大到小，A＞K＞Q＞J＞10＞～＞3。點數相同時，以♠♥♦♣的順序。♠7比♥7大級。Joker和2是鬼牌（Wild Card），比前1張牌，稍微大一點。♦J之後出的2，可以贏過♦J，但輸♥J。

其他 每個人需要300個左右的籌碼（例如：白1點：10個。紅5點：10個。藍25點：10個。總共310籌碼）

遊戲的勝負

最後手上有最強的牌，籌碼也最多的人，最贏。

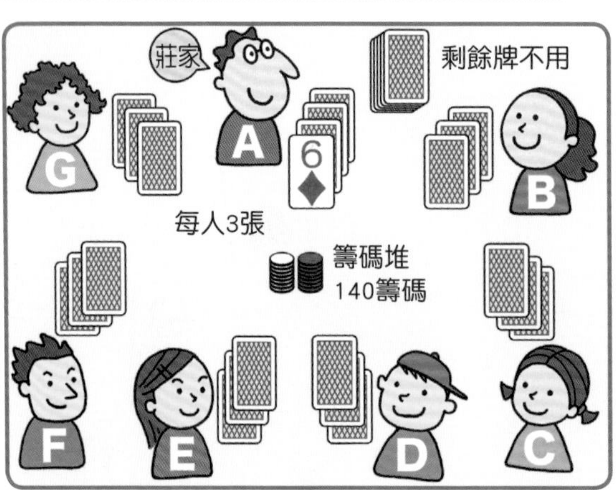

發牌方式

莊家（dealer）依順時鐘方向，從左側開始發牌。1人1次1張，每人發3張。然後，再多發1張給自己（如果是花牌[J或是更大的牌]時，就捨棄，直到花牌以外的牌出現為止），並翻開。注意，誰都不能看蓋牌。

把發下來的牌，拿到自己面前，牌面朝下，並漸層式排列。發剩下的牌，就不再使用。

遊戲開始

1 START

首先，每個人出20個籌碼（6人以下時，每人出30個籌碼），並稱之為籌碼堆。參與者為爭奪籌碼堆而戰。

莊家可以賣自己手牌中，1張翻開牌。或是，也可以賣蓋牌中最上面的1張牌。可以喊pass，也可以不做任何動作，直接輪流進行。

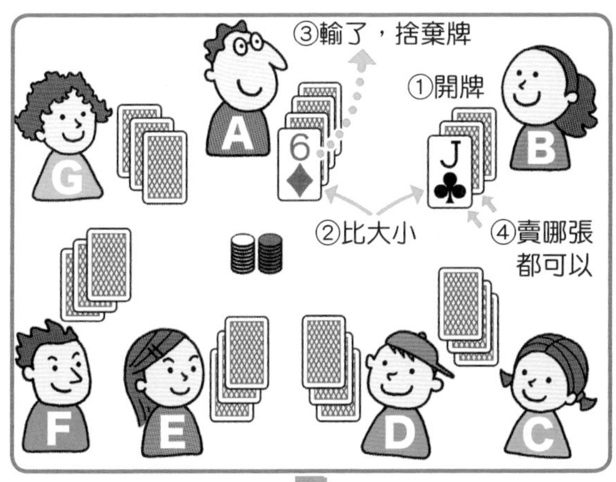

2

首先，賣牌者決定底標後，喊價。例如，喊「5個籌碼!」，如果有人要買，就可以喊回「5個籌碼!」，（此時）付5個籌碼，並得到那張牌，然後疊在自己的手牌（牌面朝上時，依舊牌面朝上，牌面朝下時，仍然牌面朝下）的最上方（最上方的牌是翻開時，放在其下方）。如果，複數的人要那張牌時，用競標的方式來決定得標價和得標者。乏人問津時，那張牌仍屬於原有者，然後換下1家。

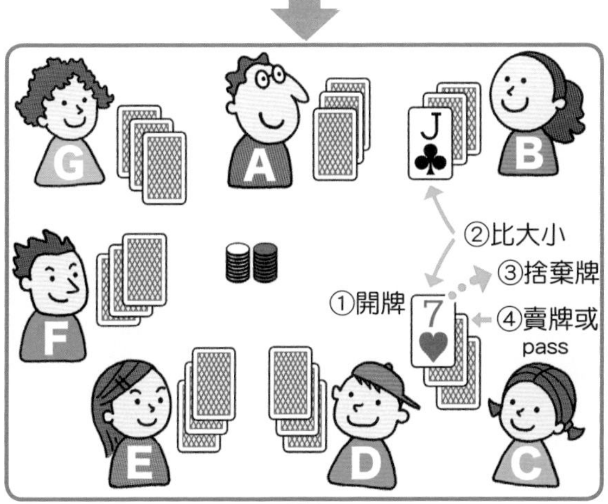

3

莊家左側的玩家，翻開自己手牌的第1張牌（若是蓋牌狀態時），如果比先前翻開的牌還小，就當場捨棄。反之，比其他任何牌都還要大（稱之為「高牌」）時，維持牌面朝上的狀態，放在自己手牌的最上方，然後捨棄上1張「高牌」。接著，可以開始賣自己的1張手牌。

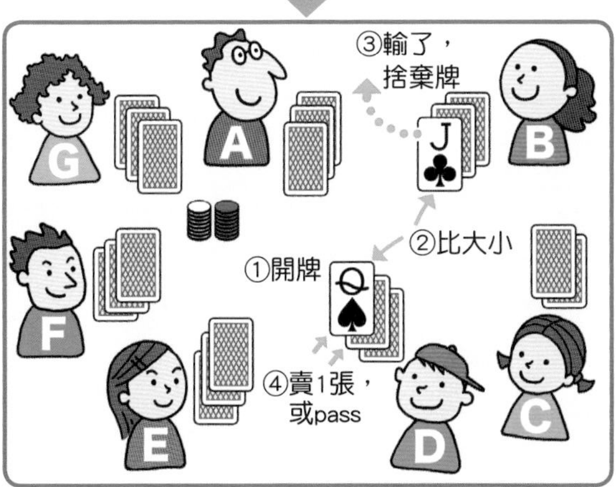

4

之後，依順時鐘方向，輪流進行。輪到自己時，比較自己手牌的最上面的1張牌（牌面是翻開時，維持原狀。蓋牌時，請把牌翻開）和高牌的大小。自己的牌比高牌小時，捨棄自己的牌，高牌比較小時，捨棄高牌。總之，牌桌上一直維持1張牌面朝上的高牌。

●擁有翻開牌時

●買了蓋牌時

5

之後，可以選擇下列①②③的任何一個動作。

①賣翻開的牌：如果自己有高牌，就可以賣牌。

②賣蓋牌：如果自己有蓋牌，就可以賣自己蓋牌中，最上面的1張蓋牌。

③pass：無任何動作，換左側的人繼續進行遊戲。

賣牌的方式，按照第2步驟，決定底標後，競標。如果賣不出去，結果就如同③的pass一樣。賣掉時，可以拿回得標籌碼，並把牌交給買家。買家把買回來的牌，放在自己的牌的最上方（最上方的牌是翻開的狀態時，就放在其下方）。

輪到自己時，擁有自己的高牌時（有翻開的牌時），就不需要再重新翻開其他的牌。可以賣翻開的牌，或賣其下方的牌（如果有的話），或選擇pass。

買牌的人，把買進的牌放在自己牌的最上方（最上方是翻開的牌時，放在其下方）。本遊戲因為可以用買牌的方式，把牌買進，因此，即使手牌沒有了，也還不能退出遊戲。另外，沒有得標的人，當然也就不用出任何籌碼。

6 FINISH!

如果除了高牌的牌主之外，沒有人擁有蓋牌時，此玩家就可拿回整個籌碼堆，也終結此局。造成如此的結果，有2種狀況。一種狀況是，擁有翻開牌（即是高牌）的玩家，買斷所有蓋牌時。

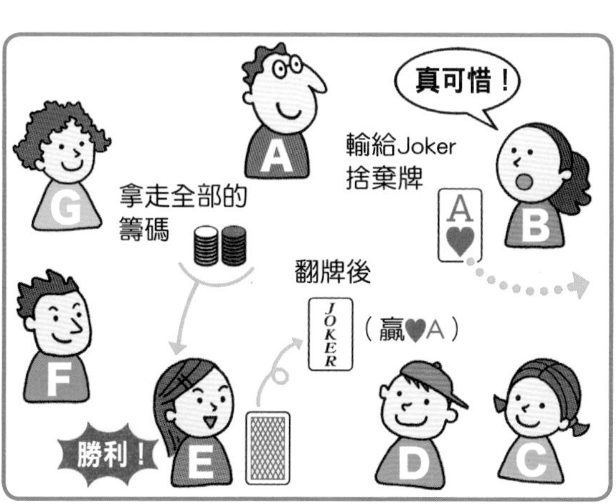

另外一種狀況是，保有最後1張牌時。針對B的♥A，E要贏牌的話，最後1張必須是♠A或Joker或2，其他的牌就沒法贏過B。

必勝訣竅　好牌先要以低底標起標，就可能會以高價賣出

切記，不管是任何好牌，都沒有籌碼堆的價值高。拿到好牌馬上賣出，絕對有利。此外，即使是絕對會贏的牌，如果能賣到高價，就賣出，才能分散風險。

小建議

賣牌者扮演成拍賣商，巧妙地讓其他人參加競標。例如，底標是「10」，賣牌者就喊「10，10，10!」，若沒人競標，就以10為得標價。

◆推薦人數 7～9人（6～10人也OK）

全軍覆沒

Pass也要給籌碼，新感覺的多人遊戲

使用紙牌 **1副52張牌（除去Joker）**

其他 **需要大量的籌碼。每個人需要白（1點）10個，紅（5點）10個，藍（10點）4個，總共100點左右**

遊戲的勝負
避開全軍覆沒，儘量在每1圈贏得籌碼，1次遊戲結束後，籌碼最多的人，最贏。

遊戲開始

發牌方式

莊家（dealer）依順時鐘方向，從左側開始發牌。1人1次1張，每人共5張牌。然後，翻開剩餘牌的頂牌，並以這張牌的花色（牌組）為王牌。

1 START

莊家先出5個籌碼。

2

先好好觀察自己的手牌，然後依順時鐘方向，從莊家的左側開始，輪流決定是喊「玩！」還是「不玩！」。當判斷這1圈，不可能有贏的機會時，就可以喊「不玩！」。喊「玩！」的人不用下籌碼，不玩的人必須出5個籌碼並捨棄手牌。除了1個人之外，其他的玩家全都不玩時，最後剩下的人，就可以收下全部的籌碼。

3

只要有2人以上，遊戲仍然繼續進行。由莊家左側的人開始，從手牌當中，拿出1張喜歡的牌，並翻開（如果莊家左側的人已棄牌時，就由再左側的人開始，若此人也棄牌時，就依此類推。即是，由莊家左側，尚未棄牌的玩家開始，從手牌當中，拿出1張牌。並稱之為「領頭」）。

4

然後，依順時鐘方向，輪流出牌。各家必須出與領頭同花色的牌，1次出1張牌。請注意，如果有和領頭出的牌相同花色的牌，輪到自己時，一定要出牌，不能不出。

5

如果沒有相同花色的牌，此時，才可以出不同花色的牌，即使出的是大牌，也不能贏牌（稱此牌為「捨棄牌」）。但是，王牌又另當別論，出王牌即可以逆轉勝（用王牌來贏牌，稱之為「出王牌」）。請注意，如果有和領頭出的牌相同花色的牌，輪到自己時，一定要出牌，不能不出。

6

每家都出完牌，參與者人數的牌（稱之為「1圈」）都到齊後，比較和領頭同花色的牌面大小，牌面最大的玩家，贏得這1圈。但是，如果有人出王牌時，王牌勝利。此外，複數的人出王牌時，其中王牌牌面最大的人，贏牌。

7

每1圈所得到的牌，不放進手牌裡，放在自己面前即可。如此，可以知道自己贏了幾圈。另外，每贏得1圈，就可以拿回五分之一的桌面籌碼。

贏得1圈的人，當下1圈的領頭。如此大戰5圈後，遊戲即結束。

8

喊「玩！」，卻沒有贏得任何1圈，這種情形稱之為「全軍覆沒」。成為「全軍覆沒」的人必須出10個籌碼，做為下次遊戲的籌碼。

9 FINISH!

換莊家左側的人，重新從發牌開始。當然莊家先出5個籌碼。遊戲的次數，按照參與者的人數來決定。贏得籌碼愈多的人，勝利。

●延長賽（如果最後1局，出現全軍覆沒時）

最後1局時，只要有人是全軍覆沒，就要延長1次。延長賽時，莊家不用再出5個籌碼，全部的人都必須「玩！」。但是，即使是出現了「全軍覆沒」，也不用出籌碼。

必勝訣竅 只要可以贏1圈，就必須繼續跟牌

勝利與否取決於是要繼續玩還是棄牌的判斷。莊家左側的人，更需要小心行事。莊家和右側的人，也要注意各家出牌的動向。如果有機會贏得1圈，當然是應該選擇繼續玩會比較有利，可是，很難去判斷。反之，如果手中有大牌，就想辦法盡量逼其他人「全軍覆沒！」。

另類玩法

「3張牌的全軍覆沒」

如果是4～6人時，就可以玩「3張牌的全軍覆沒」。手牌發3張，莊家和棄牌的人，出3個籌碼， 全軍覆沒的人出6個籌碼。另外還有，加入Joker的玩法。Joker的功用和「99」（第74～77頁）一樣，視為和王牌一樣，持有相同的效用。決定王牌的牌，如果出現了Joker牌，就表示此局無王牌。

◆僅限1人

手扶梯

一學就會，單人遊戲的入門篇

難易度 A

能力 注意力

使用紙牌 **1副52張牌（除去Joker）**

遊戲的勝負

拿掉配成對的桌牌，直到拿完桌牌為止。

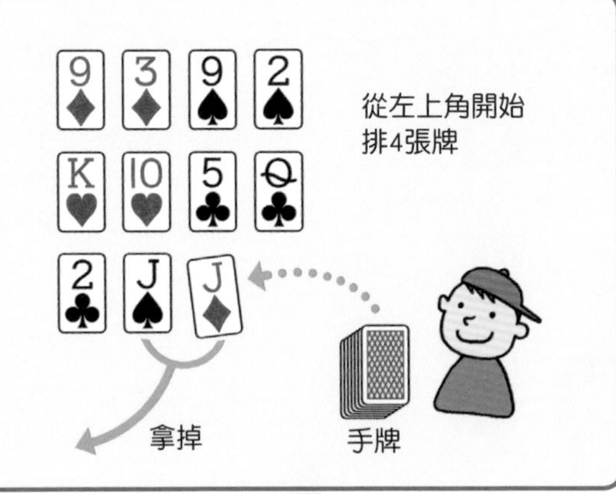

排列方式

橫向排4張牌，下方再排4張。然後，往縱的方向繼續擴展，請保留足夠的排列空間。

1 START

把牌洗乾淨，切好牌。首先，翻開一張手牌，放在左上角，接著往右，一張張翻開，共翻開4張牌。第一段翻開4張後，下一段也同樣的翻開4張，並排好。
隔壁如果出現同點數的2張牌，就拿掉。

縱向、橫向、斜線，若出現同點數的2張牌，就當做1對，拿掉。

拿掉

2

不只是橫向的隔壁2張，縱向、橫向、斜線，只要是同點數的隔壁2張牌，就可以拿掉。

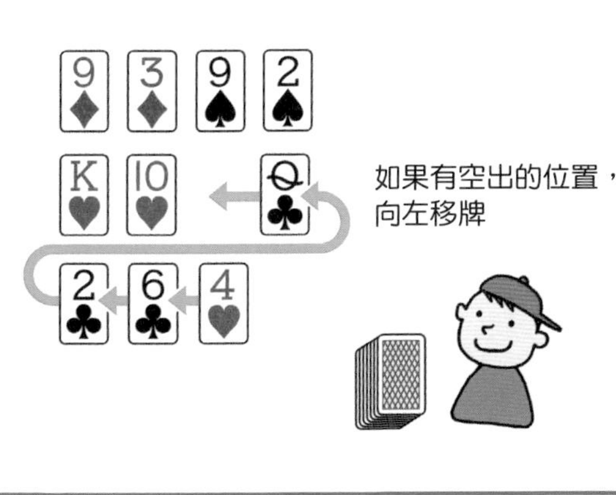

3

抽掉的牌所空出來的位置，從其右側的牌開始，一張張牌往左移。最右邊沒牌時，從下一段最左邊的牌，往上移牌。如此的移動方式，和手扶梯類似，因而得名。

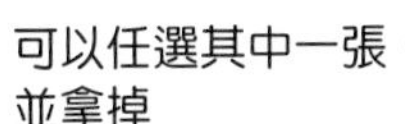

4 FINISH!

縱向、橫向、斜線，同時發生同點數時，只能選擇其中1對。不可以1次拿掉3張。此時，可以任選其中任何1對。另外，如果有可以拿掉的牌，就要拿掉，不能放著不拿。

只要能把所有的牌，成對拿掉，即大功告成。

成功祕訣

完全靠運氣的遊戲。但是，在複數對子同時出現時，只要好好思考移動位置的方向以及剩餘數字間的連動關係後，再決定拿掉哪對牌，就可以提高成功的機率。

小建議

最簡單的單人遊戲之一。但是，仍然需要一點小技巧。這一點是不同於「時鐘」的遊戲。

◆僅限1人

金字塔

用“預測能力”，湊總和為13的牌

難易度 A　能力 注意力

使用紙牌 1副52張牌（除去Joker）

紙牌點數 K：13，Q：12，J：11，點牌：牌面點數，A：1

遊戲的勝負 拿完桌牌。

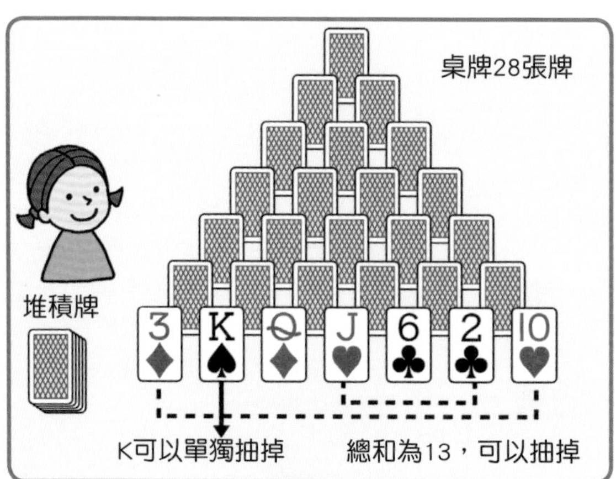

壓在牌角上方的牌
被拿走後，翻開牌
總和為13，
可抽牌

排列方式

洗完，切完全部的牌後，牌面朝下。先在牌桌最上方排上第1張牌，然後在第1張牌的下方兩個角上，蓋上兩張牌。依此類推，3張、4張、5張、6張，呈三角狀的金字塔型。排到第7層的7張牌時，翻開牌面。剩餘的牌，牌面朝下，做為堆積牌，拿在手裡。

1 START

基本規則為，2張牌的總和為13點，就可以拿掉。首先把翻開的7張牌當中，總和為13的牌，先拿掉。K是比較特別的牌，單獨一張就可以被抽掉。

2

當壓在牌角上方的牌，被拿走後，就可以翻開此牌。

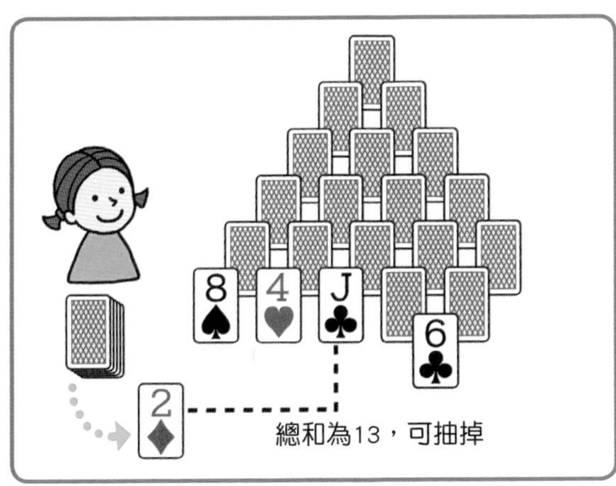

3

如果沒有加起來是13的2張牌（或是單獨的K），就翻開堆積牌中的第1張牌。然後，看看是否可以和桌上翻開的牌，合計為13。如果有，即拿掉。

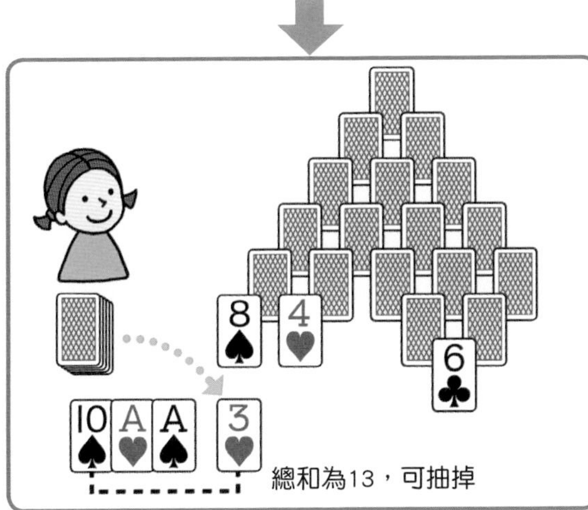

4 FINISH!

如果沒有總和為13的牌，就把牌放在牌桌左下角的地方，當做捨棄牌。再翻開堆積牌的第1張牌，先放在捨棄牌列的最尾端。注意，只有在捨棄牌列兩側的牌，才可以拿出來使用。總之，①金字塔上已被翻開的牌，②捨棄牌列兩側的牌（第一張，最後一張），③從堆積牌翻開的牌，其中的任何兩張牌，只要總和是13，即可拿掉。

如果能拿完桌牌，即大功告成。就算堆積牌全發完，可是金字塔還有留牌，仍然失敗。

成功祕訣

翻開的牌是A，桌牌上有2張Q時，慎選對未來有利的組合後，再拿掉，如此，可以提高勝算。

◆僅限1人

心機

需要高超技術，是單人遊戲的最高境界

難易度 B

能力 預測能力

使用紙牌 1副52張牌（除去Joker）

遊戲的勝負

把桌牌排成下列4種排列方式。

①A．2．3．4．5．6．7．8．9．10．J．Q．K
②2．4．6．8．10．Q．A．3．5．7．9．J．K
③3．6．9．Q．2．5．8．J．A．4．7．10．K
④4．8．Q．3．7．J．2．6．10．A．5．9．K

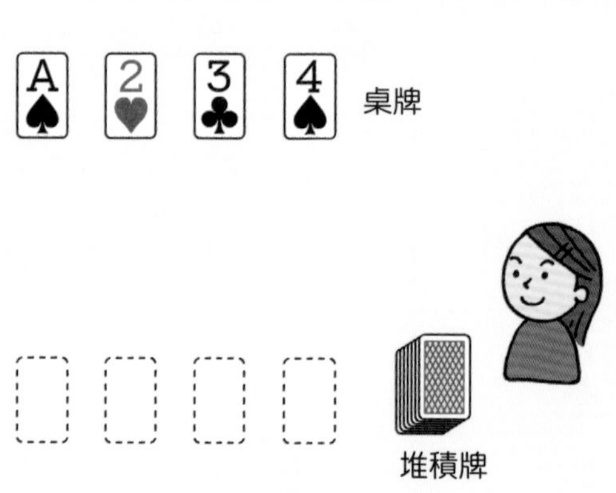

排列方式

先抽出任何一種花色（組牌）的A、2、3、4各1張，放在牌桌上方。

1 START

牌洗，切牌後，牌面朝下，拿在手中（稱之為「堆積牌」）。

2

翻開堆積牌的頂牌，如果能接上第1步驟的桌牌時，即稍微錯開並疊在「桌牌」上（一開始翻開的牌是2、4、6、8時，可以接上牌。但是，也可以暫時先當做捨棄牌）。

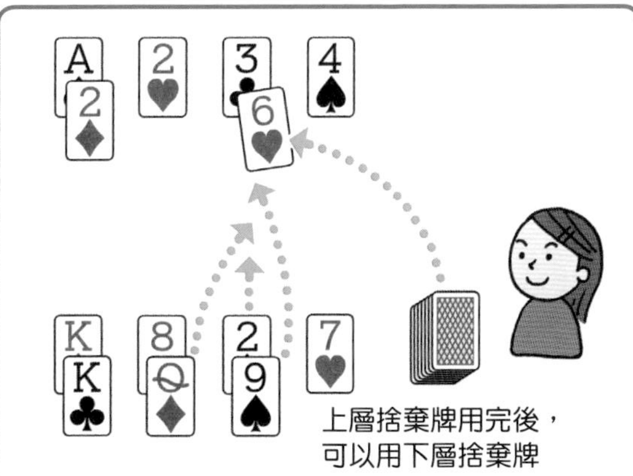

3

接不上桌牌，或不想接上時，可以當做「捨棄牌」來處理。被翻開的捨棄牌，最多可以排成4層，而最上層的牌隨時都可以用來接桌牌。當然，最上層的棄牌拿完後，即可用下一層的捨棄牌。

4 FINISH!

如左圖，完成4列，即大功告成。4列尚未完成，堆積牌卻已用盡，即表示失敗。

成功祕訣

掌握紙牌的特性。看清比較容易出的牌和難出的牌，然後決定捨棄牌的位置。如果難出的牌疊在容易出的牌的上方，就會造成容易出的牌無法打出，因此需要謹慎地思考。

小建議

技巧是成功的秘訣。非常特別的單人遊戲。知道訣竅的人，成功率超過90%。初學者，滿難成功。是一個非常有挑戰性，又讓人很有成就感的單人遊戲。慢慢上手後，捨棄牌的層數就可以慢慢減少為3層或2層。加油，請勇於挑戰！！

撲克牌魔術

展現流暢的手法，魔法般的演技。
技巧，口才，緊張，歡笑，然後驚嘆——
「撲克牌魔術」是一切魔術的基礎。
本書精選了10個簡單卻震撼力十足的撲克牌魔術。

ONE
TWO
THREE!

魔術的 5 個禮儀

1. 選擇乾淨的牌，不要有摺痕或污垢。
2. 不熟練的魔術表演，反而會造成反效果，也不夠尊重他人。
3. 不需要太多的說明，只需適切的對話。
4. 預先設想過程的起承轉合，變一個富有故事性的魔術。
5. 最重要的是讓對方開心，服務精神最優先。

初級 01

最後的女王藏在哪裡！？

3位女王

彼此隔著1張牌的4張Q，施以魔咒後，竟然3張Q就連成一串。連小朋友都能一學就上手，投給觀眾一顆小小的震撼彈。

使用紙牌 **1副52張牌（除去Joker）**

技巧	無
震撼度	★★
分類	收集型

1 一邊說「現在，我要用3張Q的牌」，一邊從52張牌中，挑出3張Q牌。任何花色都可以。

2 把3張Q，排成橫的一列，並將牌面朝下。剩餘的牌，也是牌面朝下，放在一旁（即「堆積牌」）。

3 拿堆積牌的頂牌，並放在桌面上。

4 拿3張牌中，靠近內側的1張牌，並疊在第3步驟的牌上。

5 然後，交替重疊1張堆積牌和1張Q牌。

6 Q牌全部重疊後，放在堆積牌最上方。

7 一隻手拿著重疊後的紙牌，另一隻手覆蓋在紙牌上，並唸咒語「歐嘛咪嘛呢轟！」

8 翻開上面的3張牌，照理說應該是隔著1張牌，才是Q，竟然3張Q連續出現在眼前！

解讀密碼

把Q插進左邊數來第3張牌的位置。

重點是不把4張Q連續排在一起。偷偷地把1張Q插進堆積牌上方數來第3張牌的位置。而其他的被抽出來的3張Q牌，放在哪個位置都無所謂。還有，當翻開3張Q牌時，不要刻意去提到花色的部分。

小建議

先從3開始！

當然不用Q牌也可以。讓對方先洗牌，拿回牌後，裝作若無其事的樣子，把牌展開，然後特別留意從上面數來的第3張牌是什麼牌。如果是「♥3」，就利用其他花色的3開始變魔術。

初級 02

紅牌黑牌一瞬間同方向！

紅與黑的不可思議

翻開2張牌的同時，不知道什麼時候，10張黑牌，10張紅牌，竟然變成同一個方向。

使用紙牌	紅牌（♥或♦）10張，黑（♠或♣）10張
技　巧	無
震撼度	★★★
分　類	收集型

1 展開紙牌，讓對方確認（不用特別提到，其中有黑牌和紅牌，各10張）。

2 把牌收起來，牌面朝下，並拿在一隻手上，再用另一隻手的手指，「啪!」地輕彈最上面的1張牌。

3 從上面拿2張牌，翻成正面，然後疊在上方。

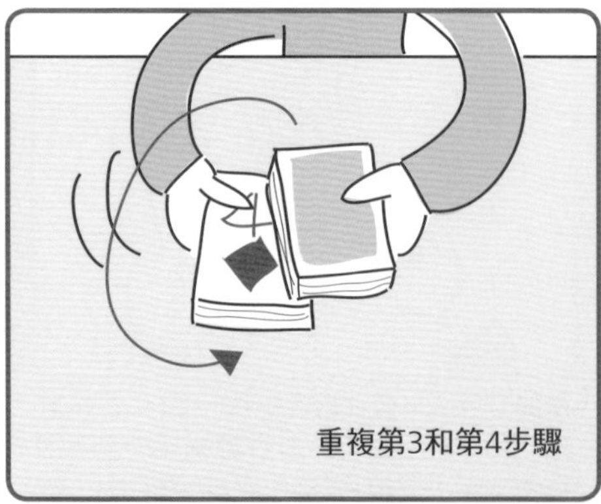

4 從上面取1/4到1/3左右的牌，並放到最下方。重複數次第3和第4步驟。另外，切牌的位置並沒有任何規定。讓觀眾切牌也可以。

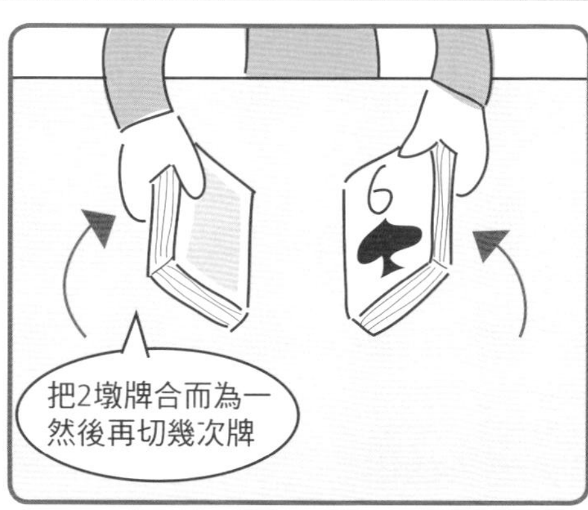

5 從最上面的牌，按照順序，左右各發1張牌。

6 把2墩牌，一起朝內側方向併攏，成為1墩牌。再連續切幾次牌。

7 單手拿牌，並跟對方說「請咚咚咚，敲3下」，讓對方用手指輕敲牌面3下。

8 以緞帶展牌（參照第20頁）的方式，把牌展開後，會發現牌面朝上的全部都是黑牌。

9 再把牌合起來，翻面。結果，全部是紅牌。

解讀密碼

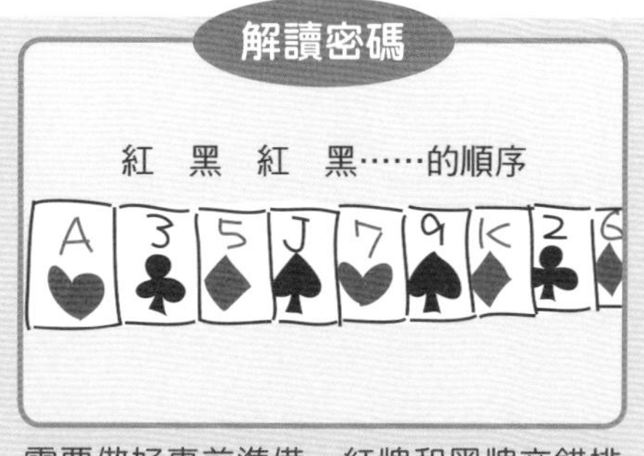

需要做好事前準備。紅牌和黑牌交錯排好。即使是切牌，或是翻開2張牌，也不會改變「紅、黑、紅、黑……」的順序。可是，切記在第6步驟，合攏2墩牌時，一定要往內側方向合併。

初級 03

對方選的牌在哪裡？

超能力找牌

從52張牌當中，輕易地找出對方記住的1張牌。
注意要用技巧讓對方「著急」。

使用紙牌	1副52張牌（除去Joker）
技　巧	無
震撼度	★★★
分　類	猜牌型

1 切牌。

2 首先，做示範讓對方看。從牌墩中抽出一些牌，並放到最上面。

3 請對方做同樣的動作，從牌墩中抽出一些牌，並請對方記住抽出牌的最下面1張的花色和點數（此時是♦4）。

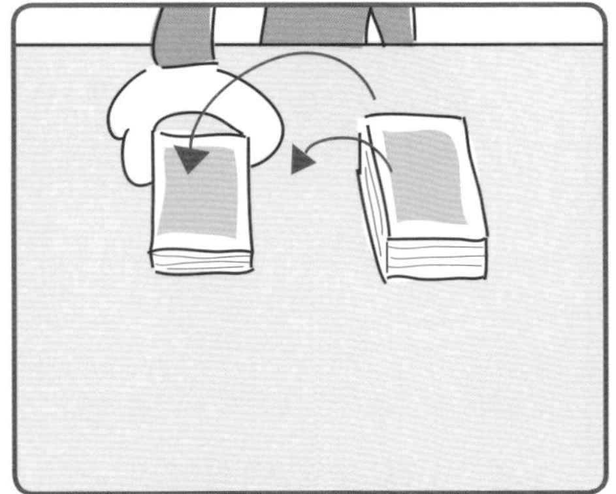

4 把牌放在牌桌上。然後，切牌數次。也可以請對方幫忙切牌。

5 牌面朝上，並做緞帶展牌（參照第20頁）。跟對方說「請把手伸出來!」。握著對方的手，在牌的上方，左右移動，尋找對方記住的牌。

6 「是這張牌!」。用手指出對方所記住的♦4！

解讀密碼

①

當在看牌的花色和數字時，順便偷瞄抽出牌的最下面1張牌的點數和花色(♠J)。此牌即是關鍵牌。

②

示範後，關鍵牌就在最上面，而對方抽的牌就在關鍵牌的上方。

③

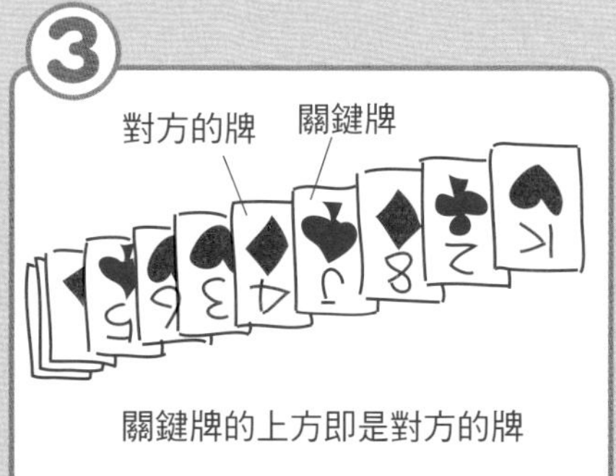

關鍵牌的上方即是對方的牌

用緞帶展牌後，在關鍵牌的上面1張牌，即是對方記住的牌。

小建議

在尋找牌時，不要一下就說「是這張牌！」，要來回幾次移動對方的手，當對方的手移到了記住的牌上方時，就輕輕晃動對方的手，並說「這個地方，特別有感覺喲!」。如此便能讓對方焦急，也可以把場子熱起來。

中級 04

猜中手裡牌的張數！

預言的牌

明明是對方分的牌，卻可以預言對方手裡的張數！
彷彿是特異功能，實際上是應用數學理論，自然現象的魔術。

使用紙牌 1副52張牌（除去Joker）

技巧	低
震撼度	★★★
分類	猜牌型

1 把牌堆放在桌上，再讓對方拿起一半的牌，並放在其左側。

2 然後，把分成一半的牌，再分一半，並放在其左側。

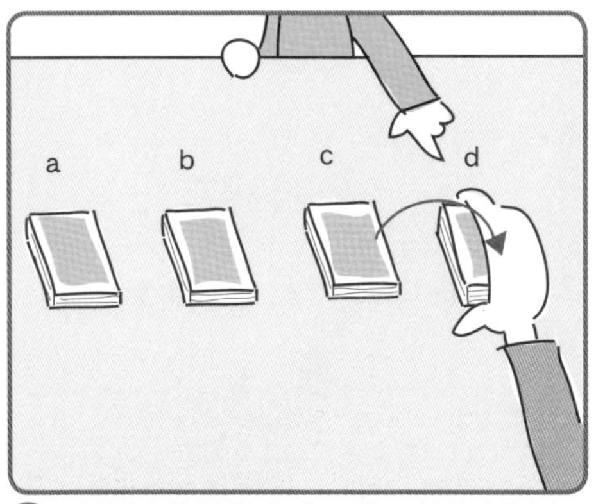

3 把原始的牌墩分成一半，並放在最右側。

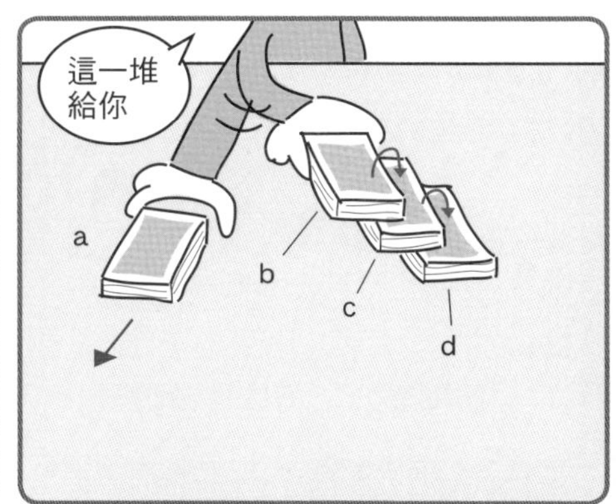

4 把a交給對方。剩餘的牌墩，依照d，c，b的順序，重疊起來，拿在手中。

5 從牌墩上方數20張牌，20張牌的順序是顛倒過來的狀態，然後疊在剩餘的牌（左手）的最上方。

6 把對方的牌和自己的牌，牌面朝下，放在桌面上。然後，一邊數「1，2，3！」，一邊把自己的牌1張張翻開。

7 當對方的牌剛好翻完時，貼著「最後1張」的牌也剛好出現！

解讀密碼

首先要做好準備。在牌面上，貼上「最後1張」的貼紙（可以用標籤貼紙），並放入52張牌當中，從上面數來第21張牌的位置。

重點是，要讓對方把牌均勻地分成4等分，大概1墩在13張左右。不要有太多或太少的牌墩。

除了交給對方的牌墩以外的牌墩，全都重疊在一起。然後，再若無其事的樣子，把上面的20張牌，1張張的移到另1隻手上。再把數過來的20張牌，放回原來的牌墩上。如此，預言的牌就能同時在對方秀出最後1張牌時一起出現。

中級 05

4張A突然銷聲匿跡！

A在哪裡？

各據一方的A，全跑到同一牌堆。
關鍵在運用「誘導技巧」，讓對方選出動過手腳的牌。

使用紙牌	1副52張牌（除去Joker）
技　巧	中
震撼度	★★★
分　類	變化型

1 把4張A牌，牌面朝上，排列在桌面上，讓對方看。然後，維持牌面朝上的狀態，重疊4張A牌，並拿在右手裡。

2 左手拿著剩餘的牌，牌面朝下，然後一邊說「現在要把4張A的牌，一張張翻過去」，一邊用左手大拇指滑動牌，再以牌的內側邊緣為主軸，把牌翻成背面。

3 第2張和第3張的動作和第2步驟相同。但是，最後1張，先正面疊上後，再翻成背面。

4 從手牌的最上方開始，1張張翻開，並依照a，b，c，d的順序，放在桌面上。照理說，應該全部是A牌。

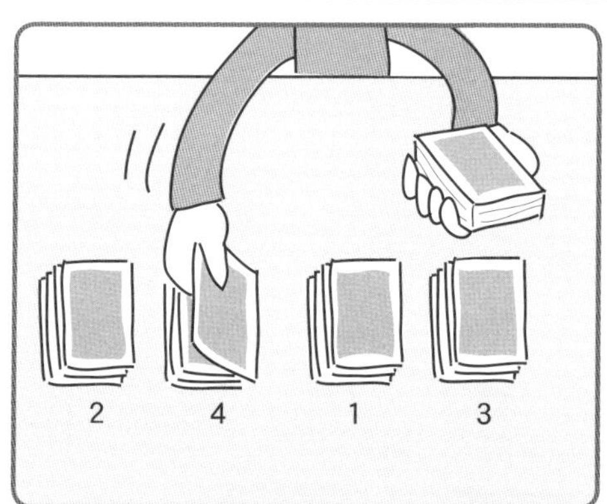

5 然後，用相同的順序，各放3張牌在各牌墩上。發完後，就說「剩下的牌就不用了」，然後把剩餘的牌，放在一旁。

6 把4個牌墩，排成前後左右，可以任意地變換位置，縱向橫向各排2個牌墩。再請對方從4個牌墩當中，選擇一個（用「誘導技巧（參照第150頁）」，讓對方選擇靠近自己的牌墩）。

7 先翻開沒有被對方選中的其他牌墩，之後再翻開對方選的牌墩。按理說，應該是分散在4個牌墩的A牌，又為何會聚集在同一個牌墩裡呢？

解讀密碼

1

這個魔術應用了「隔開技巧」（參照第151頁）。在桌面上，排好4張A牌後，用小拇指輕輕地抬起上面的3張牌。

2

當右手拿起4張A牌後，裝作若無其事的樣子，疊在左手牌堆上。然後，把剛剛隔開的3張牌和4張A牌的7張牌，一併移到右手上。

3

到第3張為止，依序把1張張牌，翻成背面。當4張牌都疊上去之後，再把最上面的一張牌翻過來，如此，對方就不會識破其實有7張牌。

魔術成功的關鍵在「誘導技巧」

想讓對方選擇動過手腳的牌，就要巧妙地誘導對方的視線和意識。
讓對方誤以為是自己在選牌，其實是“被動選牌”。

「A在哪裡?」（參照第148頁）的魔術當中，整個高潮在最後的地方，也就是翻開有4張A的牌墩時。把有A的牌墩放在對方比較容易看到地方，然後誘導對方的意識去選擇這個牌墩。

一邊說「請從裡面選出一個喜歡的牌墩」，一邊用手指點過每個牌墩，最後停頓在想要對方選擇的牌墩上。如此，對方的視線就會在那裡打住。

★如果很不幸的，對方選到別的牌（墩）時

此時，就說「請再選一個！」，讓對方再選一個墩牌，要讓對方同時指著選擇的2個墩牌。

如果對方選的2個墩牌的其中之一是有動過手腳的牌墩時，就留下這2個牌墩，並推向對方。若不是，則一邊說「把這2個牌墩留下來」，一邊把對方沒選到的牌墩，推向對方。

然後說「接下來，請選擇其中一個」。如果對方選到了有動過手腳的牌墩時，就可以直接交給對方。

對方又選了其他的牌墩時，就一邊說「好，把這個墩牌也拿開」，一邊移開對方所指的牌墩。如此這般，看起來好像對方自己在選牌，其實是被誘導而成的結果。

＊變撲克牌魔術時，請使用有白色邊緣的紙牌

↓比較適合變魔術

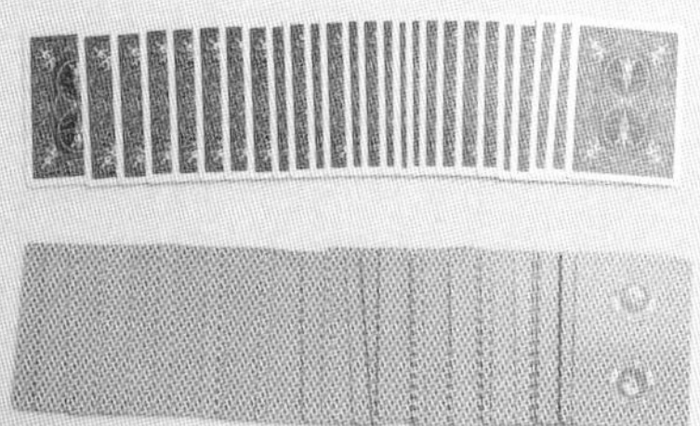

變撲克牌魔術時，請選擇背面的模樣呈上下對稱，並且有白色邊緣的牌。有白色的邊緣，就可以明顯地（+來）區分牌與牌之間的界限。並且，好處是即使是偷偷地翻牌，也讓人看不出正反面。至於材質方面，比起塑膠材質的撲克牌，還是選擇彈性較佳的紙製撲克牌。另外，已經玩過遊戲的舊撲克牌，因為有污垢和摺痕，很容易讓對方察覺動過手腳的地方。因此，正式上場的時候，最好是用新的、乾淨的1副牌。

接下來，就看練習的熟練度了。本書介紹的魔術雖然不需要特別的技巧，但是也不能含糊帶過，掉以輕心。牢記變魔術的步驟，有了充分的把握之後，再從容上場。

＊拿牌的方式

「發牌手勢」
固定好撲克牌的3個邊

在變魔術，當左手拿牌時，是用食指頂住紙牌的前方，再用中指，無名指和小拇指的3根指頭壓住右側，再用大拇指下方鼓起來的地方卡住左側。此種拿牌方式，稱之為「發牌手勢」。

只固定2邊，是很難發牌

發牌時，會用左手的大拇指按住頂牌，然後輕輕地向右側滑動。而上圖的拿牌方式，右側的4隻手指成了阻礙。另外，牌拿在手裡的安定性也不夠高。

＊基本技巧・1

隔開技巧

就是在1墩牌的特定位置上，用手指或用手隔出一個空隙來。一般是在牌墩右下角的地方，夾入左手小拇指的指腹。作法不是非常明顯，所以不會讓對方察覺得到。

[應用在中級05「A在哪裡？」（參照第148頁）]

中級 06

只有皇后可以避不見面！

完全皇后

請對方把牌分成2墩，然後再互換2張牌。2墩牌合而為一時，只有4張是牌面朝下的。翻開這些牌，竟然全是皇后！

使用紙牌	1副52張牌（除去Joker）
技　巧	中
震撼度	★★
分　類	收集型

1 切牌。

2 然後，放在桌面上，並讓對方把牌分成2墩。

3 接著說「請選一個喜歡的牌墩」，讓對方選其中一個牌墩。

4 自己和對方都站起來。並說「請模仿我的動作」，雙方都把牌放到自己的背後。

5 讓對方從手牌當中，選1張牌，然後，牌面朝下，放在桌上。自己也同樣地出1張牌。

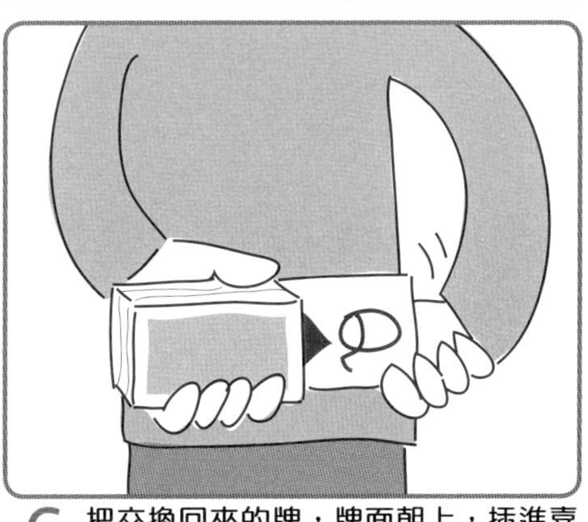

6 把交換回來的牌，牌面朝上，插進喜歡的位置裡。

7 再重複一次第5和第6步驟。

8 先把自己的手牌放在桌面上，再讓對方的手牌疊在上方。雙方坐下。

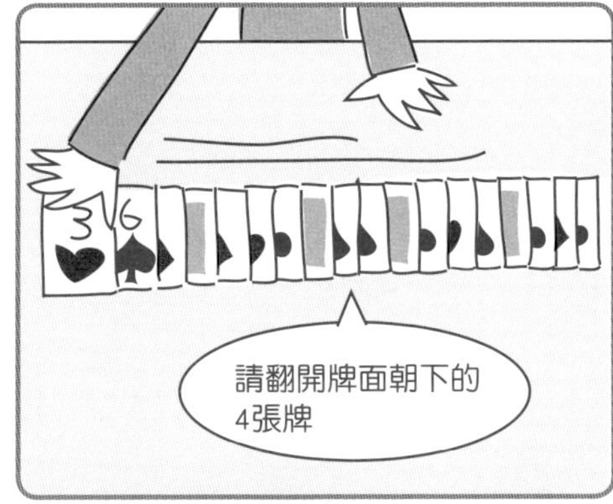

9 然後以緞帶展牌的方式（參照第20頁），把桌面上的牌展開，並發現其中只有4張牌是牌面朝下的。

10 把4張牌推上前，讓對方翻開1張張的牌。然後呢！！怎麼會全都是Q呢？

解讀密碼

在魔術開始之前，把4張Q藏在牌堆的最下方。

開始切牌時，注意不要讓洗到下面的4張牌。

讓對方選擇其中一半的牌墩時，想辦法讓對方選擇沒有Q在內的牌墩（如何讓對方選牌的方法，請參照第150頁「誘導技巧」）

和對方換牌時，除了最下面的Q牌之外的牌，都可以抽給對方。

把換來的牌，牌面朝下，放在最上面。再若無其事的樣子，把下面的Q牌，翻成正面，並插進適當的位置裡。

再重複一次上述動作後，就和對方的牌墩重疊在一起。展開時，發現只有4張Q牌和其他的牌的牌面，是剛好相反的。

*基本技巧・2

滑行技巧

讓對方以為抽的是最下面的1張牌，其實抽的牌是倒數第2張。先用左手的大拇指和食指握住牌，再用中指，無名指和小拇指，把牌往自己的方向滑下約1cm左右。

（應用在第160頁的高級09「驚悚的A」）

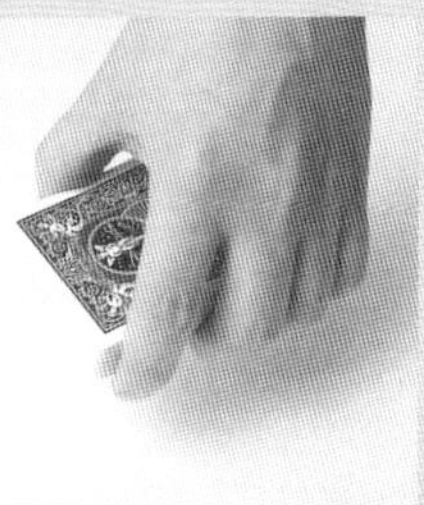

*基本技巧・3

過手式洗牌

比基本的洗牌方式，更容易控制住特定的牌。這裡介紹的是，以不移動到最下面的1張牌的洗牌技巧。

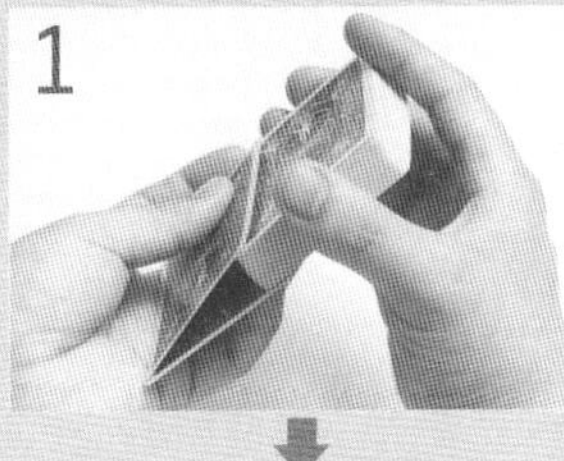

1 右手拿住橫向的牌堆，左手的大拇指按住牌的上方，其他的手指壓住最下方。然後，同時往下拉上下兩方的2張牌。

2 2張牌落入左手掌心後，再用大拇指僅滑下上面的1張牌（或數張牌），並持續洗牌。

3 移到左手的牌量，可以用右手的力道來做調整。另外，右手保持不動，可以讓整個動作看起來更優雅。

*翻牌的方式

朝對方翻牌時

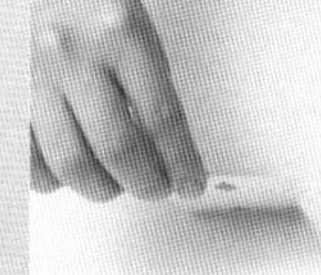

先拿起牌的前端，再往對方的方向，直向翻牌。如此，紙牌的花色和點數，可以一眼就看穿，馬上知道結果。重點是，要搭配場子的氣氛，調整翻牌速度的快與慢，以達到最高的效果。

朝自己翻牌時

讓一心想要知道牌的花色和點數的對方，乾著急。先翻起靠近自己的牌端，再慢慢地直向翻牌。然後，手指一放，啪地翻開牌。

中級 07

用超能力透視隱藏著的牌！

遠距透視紙牌

說中對方手中2張牌的花色和數字。
透視的關鍵在開始的洗牌當中……。

使用紙牌	1副52張牌（除去Joker）
技　巧	中
震撼度	★★
分　類	猜測型

1 切牌。

2 牌面朝下，放在桌上，並請對方把牌分成2墩。

3 然後說「請選你喜歡的一墩牌」。讓對方用手指選出後，就把選中的牌堆推向對方。

4 雙方同時翻開第1張牌，並放在堆積牌旁邊，a的位置。

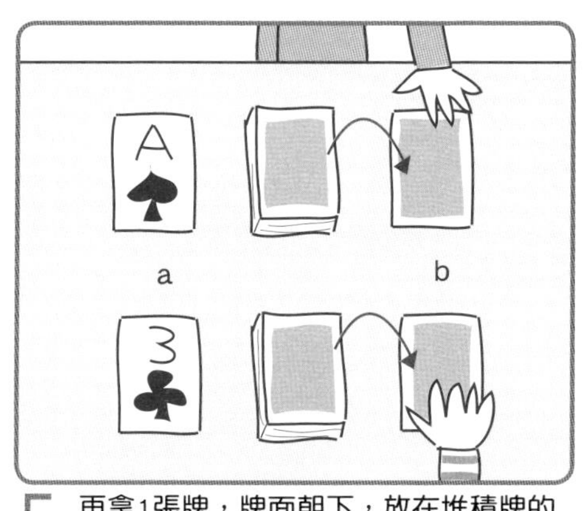

5 再拿1張牌，牌面朝下，放在堆積牌的另一側，b的位置。

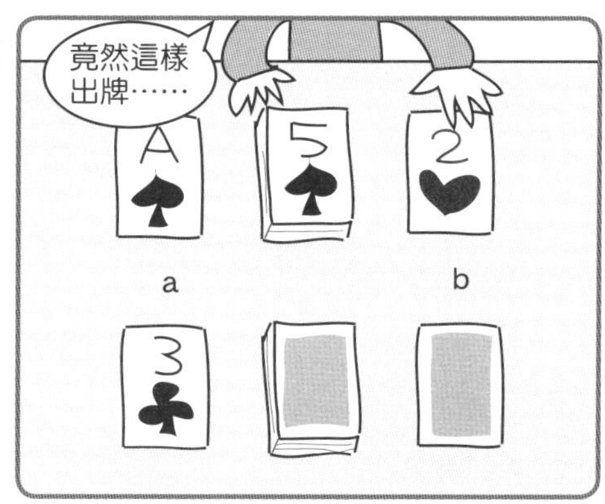

6 先翻開靠近自己b位置的牌和堆積牌。

7 首先，猜靠近對方堆積牌的花色和點數。

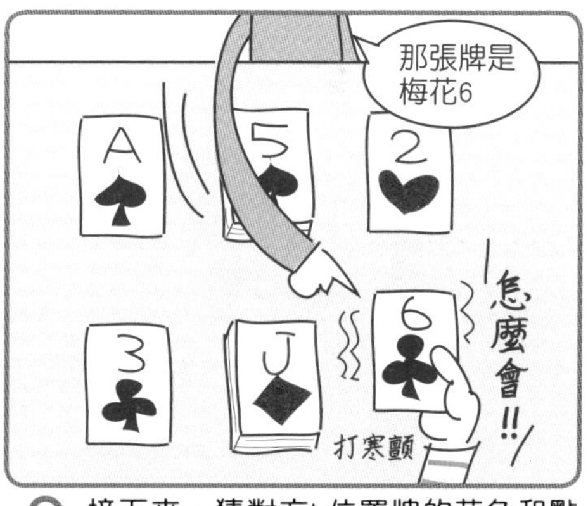

8 接下來，猜對方b位置牌的花色和點數。

解讀密碼

切牌後，記住上面數來第2張和第3張牌的花色和點數。並讓對方選擇有這些牌的牌墩，如此，b就會在第2張，中間牌就在第3張的位置。

小建議

之後，就靠個人精湛的演技去熱場子。例如，花點時間，假裝努力地去思考蓋牌的點數和花色，讓對方著急。

高級 08

也許3張全是♦J！？

神秘的3張牌

剛才翻開的牌，應該已經移動到下面了，怎麼翻開了下一張，還是一樣的牌？
讓3張看起來就好像是同一張牌，令人百思不解的魔術。

使用紙牌	3張牌（任意的花色或數字皆可）
技　巧	高
震撼度	★★★
分　類	變化型

1 3張牌，牌面朝上，然後一邊說「這裡有3張牌!」，一邊秀給對方看。再把3張牌翻成背面，並重疊，再用發牌手勢（參照第151頁）方式，拿在左手裡。

2 用手指輕彈紙牌上方，以示下魔咒。

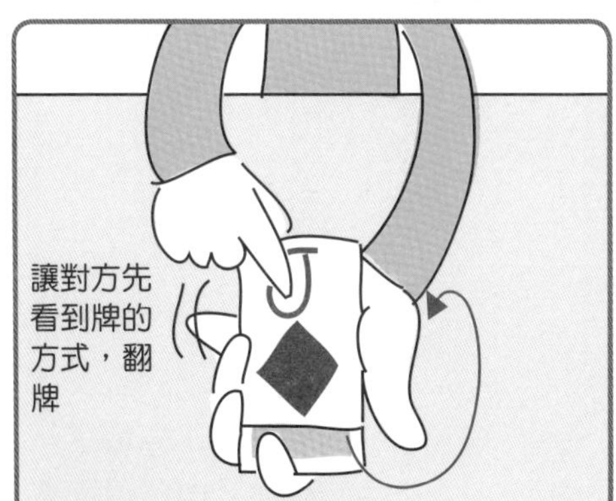

3 翻開第1張，就出現♦J。

4 把♦J翻成背面，並放到最下面。

5 再一次用手指輕彈紙牌上方，以示下魔咒。

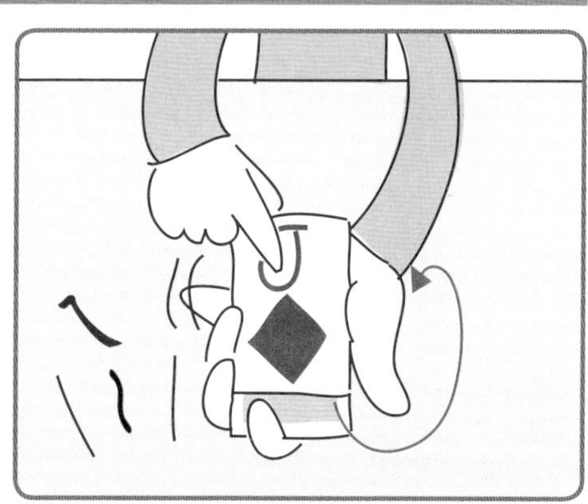

6 然後，翻開最上面的1張牌，竟然是本來應該在最下面的♦J！重複數次第2和第3，翻開頂牌，終究還是♦J。

解讀密碼

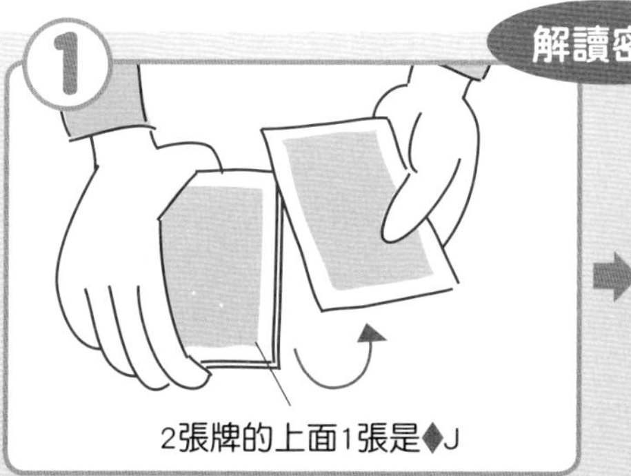

掌握♦J是在上，中，下的哪個位置。如果最上面的牌是♦J，就翻開最上面的1張牌。可是，向下移動時，要同時移動♦J和中間的牌。

如此，♦J就出現在中間。翻成正面時（秀給對方看時，好像是只翻1張牌，其實是翻了2張牌），♦J就出現了。右手拿住牌的右下角，不要滑動，然後，左手的中指和無名指壓緊牌的右側。

此時，移到最下面的牌只有最上面的1張牌而已。接下來，再翻開上面的1張牌，也還是♦J。用相同的順序，很流暢地重複「翻開1張，放2張到下面。翻開2張，放1張到下面……」的動作。

高級 09

4張A跑到哪裡去了？

驚悚的A

4張A應該在這1墩的，怎麼會跑到別墩去了呢？
這個魔術，展現了撲克牌特有的魔術技巧。

使用紙牌	1副52張牌（除去Joker）
技　巧	中
震撼度	★★
分　類	變化型

1 抽出4張A的牌，橫列在桌面上，然後再翻成背面。

2 在4張A的牌上，各疊上3張牌。剩餘的牌放在一旁。

3 重疊4個牌墩，並拿在手裡。然後，一邊說「A牌應該在牌堆的最下面，並且每4張牌就有1張A在裡面」，一邊秀給對方看。

4 再從牌堆下方，把牌1張張抽出，分成a，b，c，d，4個牌墩。中間，A牌每出現1次，就秀給對方確認。然後，把手牌全部發完。

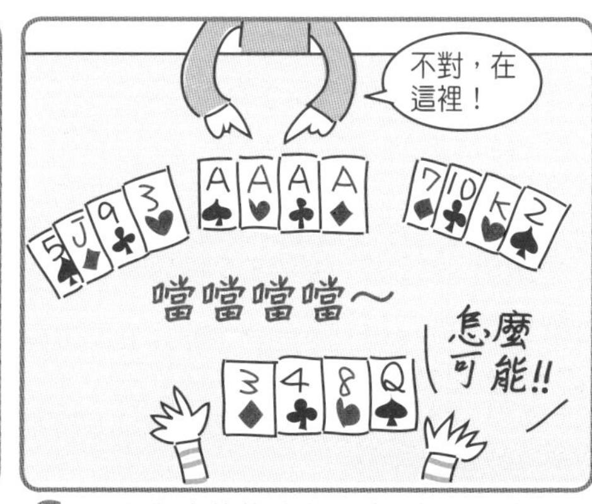

5 讓對方把手放在有（應該有）A的牌墩上。對方應該會選擇a的牌墩。

6 翻開對方猜的牌墩，結果裡面沒有任何1張A牌。接著，翻開其他的牌墩，竟然在不可能有A的牌墩找到了4張A牌。

解讀密碼

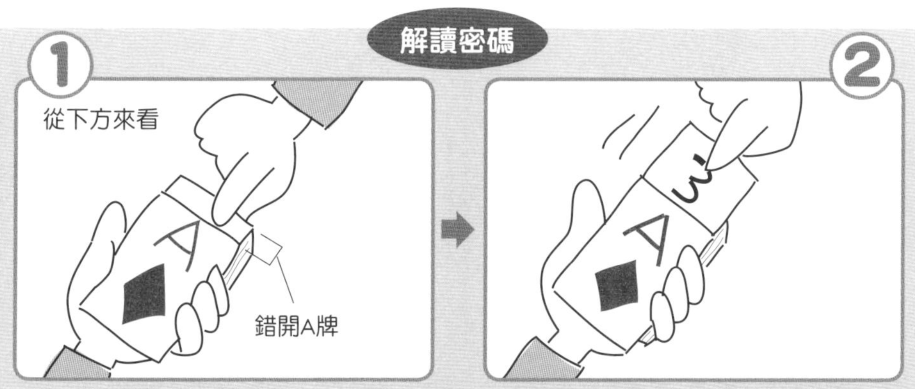

利用「滑行技巧」（參照第155頁）。握住16張牌時，技巧性地錯開最下面的A牌，大概1cm左右。然後，假裝打出去最下面的1張牌，其實是打出第2張牌。接著，也是用相同的技巧。

第3張，是真正的A。第4張也是以正常的方式出牌。如此，再重複3次。

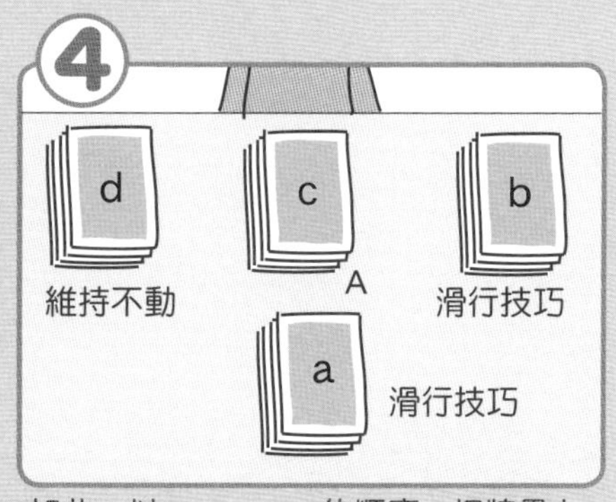

如此，以a、b、c、d的順序，把牌疊上去後，4張A牌就會聚集在c的位置上。

高級 10

2張同點數的牌就在隔壁

正反之謎

把1張張黑牌疊在10張紅牌上面，
一轉眼間，就變成一組組同點數的牌!稍稍複雜的高級魔術。

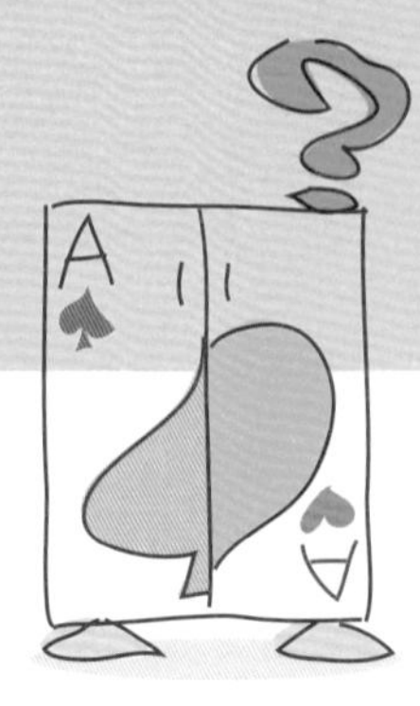

使用紙牌 **紅牌（♥或♦）的A～10和黑牌（♣或♠）的A～10**
1副52張牌（除去Joker）

技巧	高
震撼度	★★★
分類	收集型

1 把牌分成紅牌（♦）和黑牌（♣）。

2 交給對方其中1墩牌，並彼此確認是否有A到10的牌，然後再洗牌。

3 首先，把自己的牌都翻成背面，從左上角開始，1張張排牌，排成5行2列。

4 接下來，對方把自己的牌都翻成正面，和第3步驟相同的順序，從右下角（從對方的角度來看）開始，疊在蓋牌上。

5 然後說「請選1個喜歡的牌墩」，讓對方從10個當中，選出一個牌墩。

6 再把其他2張牌的牌墩，任意地1墩墩疊在對方選的牌墩上（詳細請參照「解讀密碼」）。

7 切1～2次牌後，讓對方用手指在牌上方敲3次。

8 最後，2張2張的把牌翻開，並放在桌上。再翻開牌面朝下的牌時，發現同點數的紅牌和黑牌，竟然就比鄰而居。

解讀密碼

①

在第2步驟，拿到牌後，當對方正在確認是否有A到10的牌時，便悄悄地按照A～10的順序，把牌排好。

②

故意少發1張牌給對方，爭取排手牌的時間。

切牌時，為了不要弄亂A到10的順序，用「假裝在洗牌」的方式，讓右手牌只是快速地滑過左手牌而已。

然後，把正面牌的點數和左上角數來相同順序的牌，疊在一起。此時，對方所選的牌墩的正面是♣3。再把右下角數來第3個牌墩（翻開牌是♣6）疊在♣3的牌墩上。

如此，♣6的背面牌即為♦3。再把2墩牌重疊後，♣3就和♦3連接在一塊。

接著，拿左上角數來第6個牌墩，疊在♣6的牌墩上。正面牌是♣10，背面牌是♦6，所以又和♣6連接在一起。

拿左上角數來第10個牌墩（正面牌是♣9），疊在♣10的牌墩上。背面的牌是♦10，所以和♣10連接在一起。

如法炮製，依照第9個牌墩（正面牌是♣8），第8個牌墩（正面牌是♣A），第1個牌墩（正面牌是♣4）的順序，重疊牌墩。

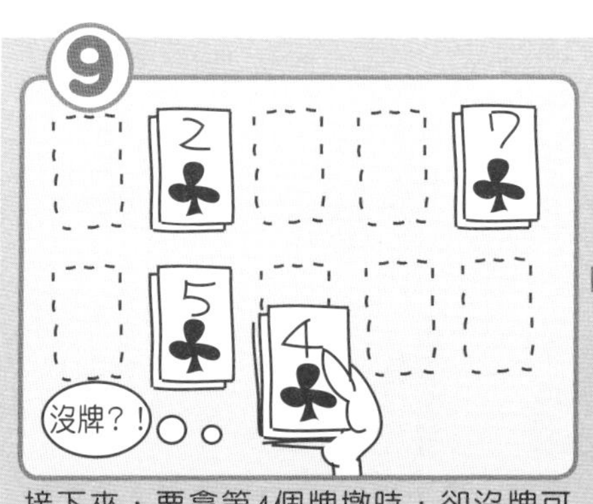

接下來，要拿第4個牌墩時，卻沒牌可拿。此時，應該是和重疊過的手牌底牌（此時是♦4）的點數相同。

如此，把最上面的1張牌，或是從有正面牌的地方，一併拿到手牌最下方。

也有左上角開始的順序點數和正面牌的點數相同的情形發生。此時，正面牌是♣2，背面牌是♦2。

此時，僅需掉換上下2張牌的順序，再重疊到堆積牌上，即可。

最後，剩下第5牌墩的♣7，和第7牌墩的♣5。此時，重疊這2墩牌。誰上誰下都可以。

然後，把最下面的1張牌拿到最上方，就可以讓同點數的牌，比鄰而居，再疊在堆積牌上。如此，♦和♣的同點牌，就可以連接在一起了。

撲克牌占卜

♠、♣、♥、♦——，4種花色各有不同的力量，
52張牌的每1張牌都有其獨特的意義存在。
再從這些獨特的意義中延伸出了「撲克牌占卜」，
裡面隱藏著數百年累積下來的神秘力量。

占卜的

5個禮儀

1. 占卜前，最好先洗手。
2. 選擇清靜的地方，先深呼吸，集中精神。
3. 最好使用僅供占卜專用的撲克牌。
4. 用慣用手和反手來切牌。
5. 在同一天裡，不用同樣的方法，重複問相同的問題。

「是否能心想事成？」

紅心♥9和黑桃♠10的占卜

♥9帶來希望的光

使用紙牌 **1副52張牌（除去Joker）**

占卜方式

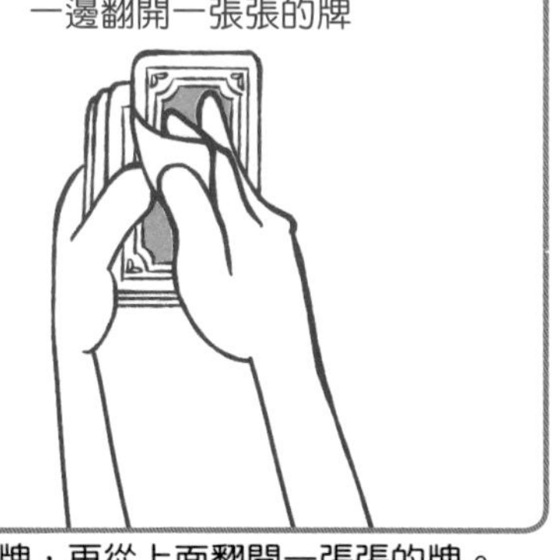

一邊想著期許的事，
一邊翻開一張張的牌

手拿著牌，再從上面翻開一張張的牌。

一邊專注洗牌，
一邊集中精神在期望的事上。

結果判斷 **「♥9比♠10先出現」，就表示能心想事成**

♥9代表「心想事成、富裕、地位」的涵義

♠10代表「生病、遺失物品、災難等噩運」的涵義

♥9比♠10先出現時
→代表可以心想事成

♠10比♥9先出現時
→代表期望的事，可能不會實現

「運勢好壞」

紅與黑的占卜

用紅和黑的組合來判斷

使用紙牌　**32張牌（A、7、8、9、10、J、Q、K各4張）**

占卜方式

1 洗好牌，切好牌後，從上面開始1次翻開2張牌。如果剛好是2張不同顏色的牌（紅黑各1張），就可以成為1組。

2 如果2張都是紅色（♦或♥）或是黑色（♠或♣）時，就捨棄這2張牌。

3 手上沒牌時，再重新洗被捨棄的牌，切牌。再從上面1次翻開2張牌，重複做第1和第2步驟的動作。如果，還是有捨棄牌時，再重新洗牌，切牌，一直重複此一動作。

結果判斷

愈早清除“同色牌”，表示愈有好結果

第1次就能清除乾淨
→鴻運當頭。一切都能帶來美好的結果。

第3次才清除乾淨
→運氣還差強人意。稍安勿躁，一步步向目標邁進。

第3次結束後，還不能清除乾淨
→運勢不好。同志仍需努力。

初級 03

「運勢好壞」「成功指數」

蒙地卡羅

在上下、左右、斜線方向找相同的數字

使用紙牌 **1副52張牌（除去Joker）**

占卜方式

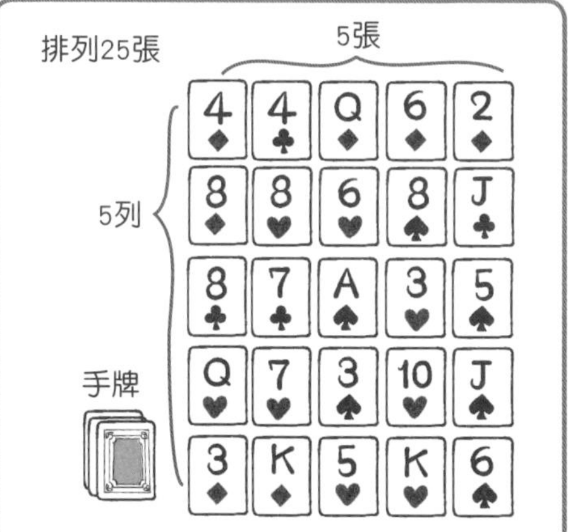

1 好牌，切好牌後，從左上角開始，往右翻開5張牌，排5列，共25張。剩下的27張牌做為手牌。

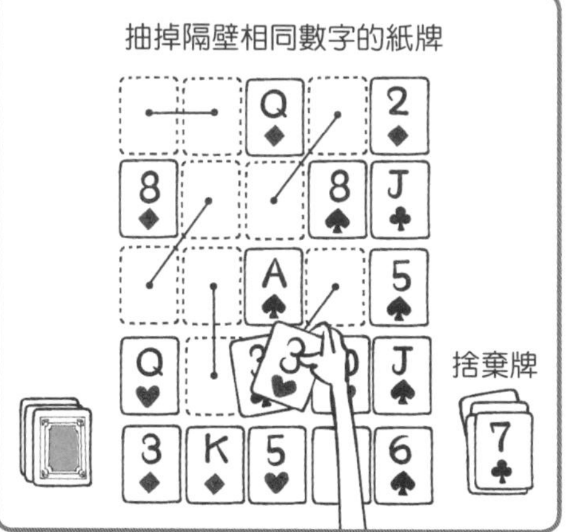

2 直的・橫的・斜的方向，如果隔壁有相同點數（數字）時，抽掉並當做捨棄牌。如果遇到3張同點數時，憑直覺抽掉其中2張。

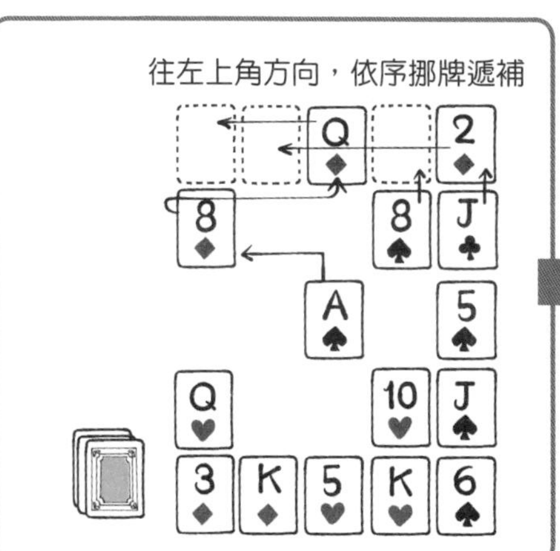

3 找不到相同點數的牌時，以左上角為起點，依序挪牌遞補空缺。

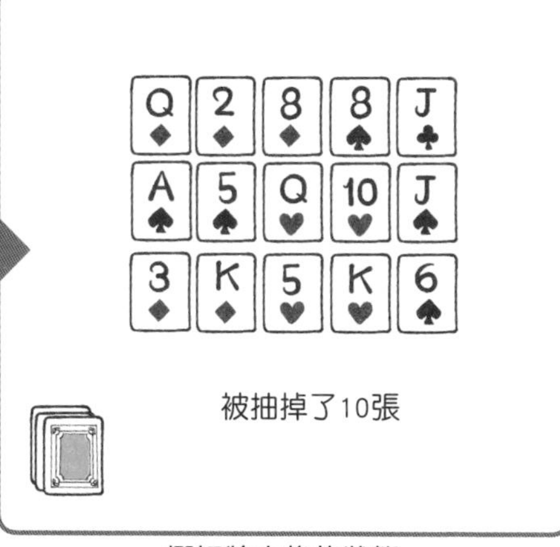

挪好牌之後的狀態

結果判斷 「剩餘牌的張數」愈少愈幸運

拿完全部的牌
→鴻運當頭。大部分的事情都能心想事成。

剩下10張牌以下
→只要肯努力，一定能事事順心如意。

剩下11張牌以上
→任何事都要小心行事。目前，請靜待時來運轉的機會。

從左側開始排牌

4 再用1張張的手牌，把空出來的位置（上圖為下2列的10張牌），從左側開始，重新排滿5行25張牌。

抽掉隔壁同點數的牌

5 與第2步驟相同，直到已經沒有同點數（數字）的牌可以抽掉為止。

重複排牌在空出來的位置上

6 同第3步驟。以左上角為起點，依序挪牌遞補空缺。牌面朝上，一共25張。直到找不到同點數的牌時，才結束重複此一動作。

結果判斷實例

同第2步驟，直到找不到同點數（數字）的紙牌可以抽掉為止，抽掉的牌當做捨棄牌來處理。

初級 04

「運勢好壞」「成功運」

時鐘

排成時鐘盤，目標朝翻開12組牌邁進

使用紙牌 **1副52張牌（除去Joker）**

占卜方式

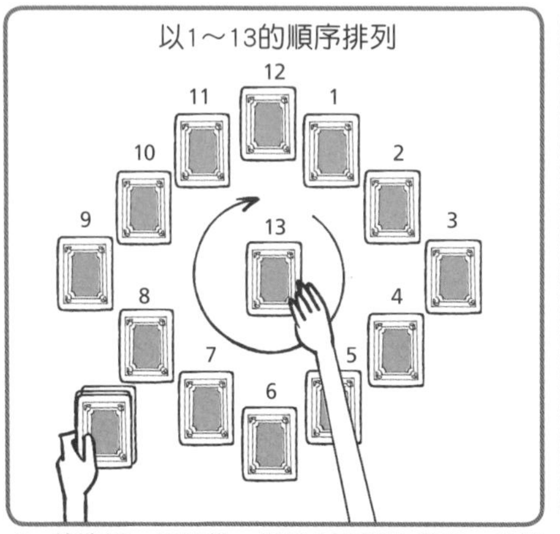

1 牌洗好，切好後，從最上面開始拿牌，且牌面朝下，如同時鐘盤一般，從1點鐘開始，依序往12點鐘方向排，最後在中央放1張牌。

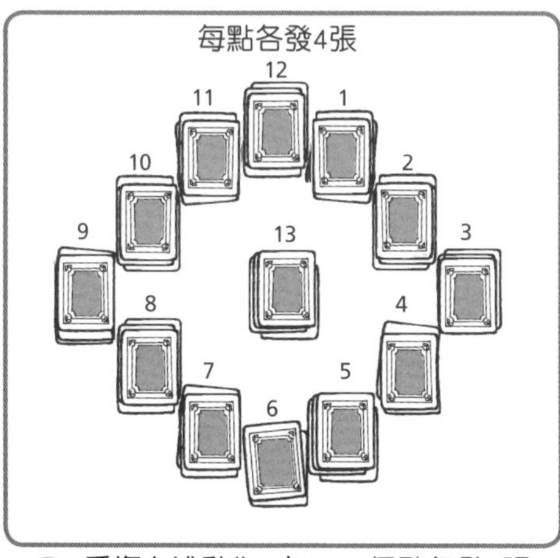

2 重複上述動作4次，13個點各發4張，直至52張牌全發完。

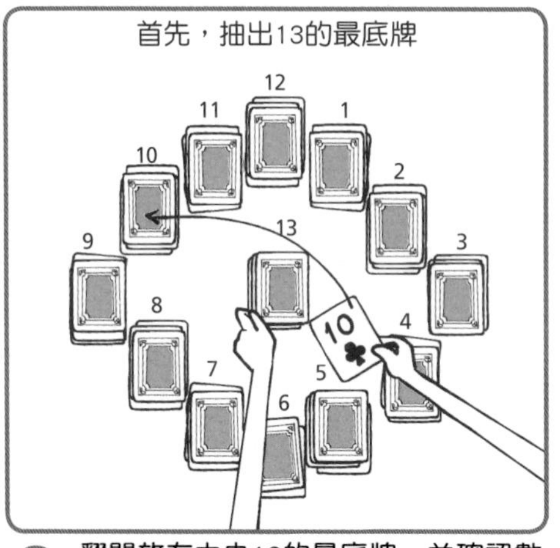

3 翻開放在中央13的最底牌，並確認數字。若是10，放在10點鐘位置的最上方。J放在11點鐘的位置，Q放在12點鐘的位置，K放在中間的位置。

9就放在「9點鐘」的位置上方

4 接下來，翻開10點鐘位置的最底牌，並確認數字。若是9，就放在9點鐘位置上方。

結果判斷實例A

8組⇒運氣稍弱

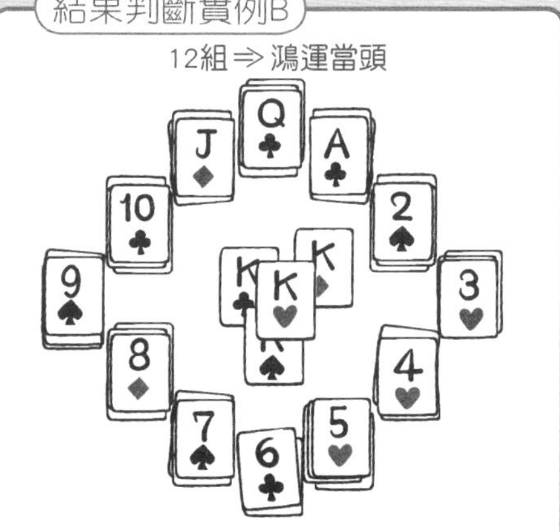

翻開8組牌

想要開花結果，還需要臨門一腳。不要煩躁，不要畏懼困難，要勇往直前。

12組牌全翻開

事業、愛情、學習等，都順心如意，完美達成，還能乘勝追擊。

結果判斷 「翻開張數」愈多，運氣愈旺

12組牌全翻開

→鴻運當頭，無人倫比。事事稱心如意。

翻開7～8組牌

→運氣稍微低落，可是仍有希望。

翻開9～11組牌

→運氣不錯，只要努力不懈，必能成功。

翻開6組牌以下

→氣運不振。但也是養精蓄銳的時期。一切小心行事。

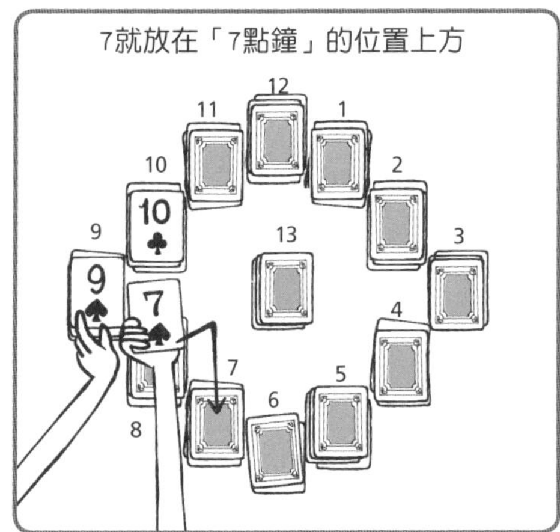

5 再翻開9點鐘位置的最底牌，並確認數字。是7時，放在7點鐘的位置上方。

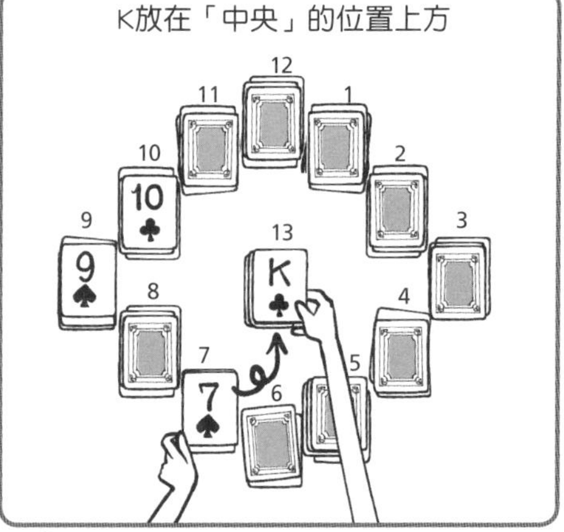

6 直到4張K都出現為止，重複上述動作（上圖僅出現1張K）。

中級 05

「和戀人的過去・現在・未來」

戀情的獨自占卜

用2人的年齡來占卜是否和得來

使用紙牌　**1副52張牌＋1張Joker**

占卜方式

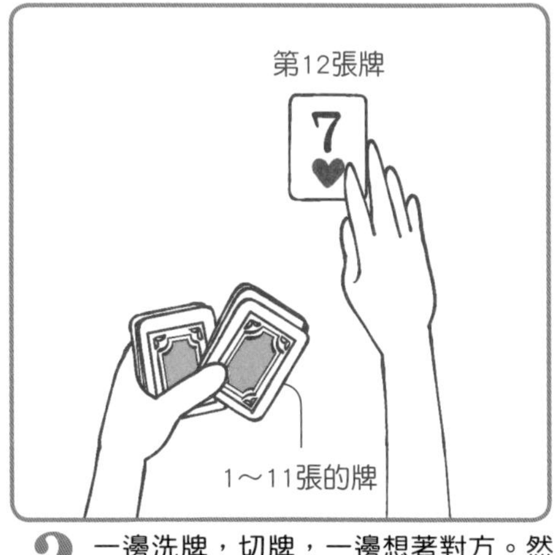

1 先將自己年齡和對方年齡的個位數加在一起。例如，自己是28歲，個位數字就是8，對方34歲，個位數字就是4，合計為8＋4＝12。

2 一邊洗牌，切牌，一邊想著對方。然後，從最上面開始數牌，數到[2人年齡個位數的總合（本例為第12張牌）]的牌後，翻開放在桌面。

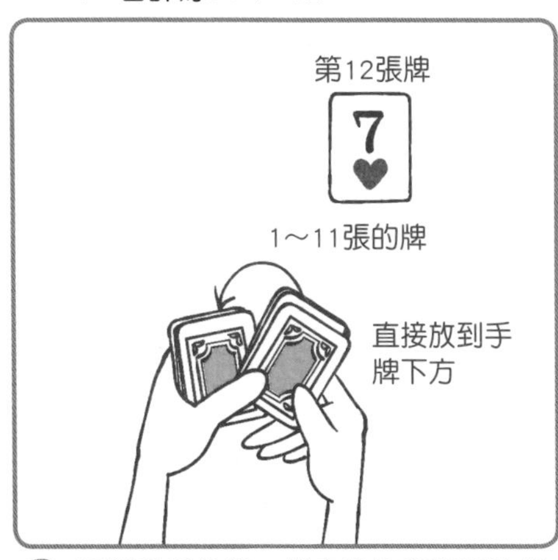

3 已經數過的牌，就直接全部移到牌堆的下方。

4 然後，從手牌最上方開始數到「對方年齡」的牌。抽出這張牌，再翻開，並放在第2步驟牌的右側。已經數過的牌也同樣地放在手牌的最底部。

花色（組牌）的涵義

Joker

代表鴻運當頭

即使有高層次的黑桃出現，也能將其挫敗，Joker擁有讓美夢成真的神奇力量。

方塊

能得到男人的寵愛

方塊A代表最高層次的愛，方塊2則是最低程度的愛。

紅心

能得到女人的情愛

情愛程度的高低判斷，和方塊的方法相同。

梅花

愛情的捍衛者或知心人的出現

如何程度的知心人會出現，依據出現數字的大小來判斷。

黑桃

反對者或障礙的出現

A是最難纏最固執的反對者，愈靠近2，強度愈弱。

5 同樣的，抽出「自己年齡」的牌，翻面，並放在第4步驟牌的右側。

6 用剩餘的牌，也以同樣的方式，抽出3張牌，並把3張牌，排在上段牌的下一段。最後，再以同樣的方式，在中段下方再排3張牌。總共是9張牌。

結果判斷　以「花色和數字的大小」占卜

●9張牌當中，上段代表過去，中段代表現在，下段代表未來。

●從「花色和數字的大小」來占卜。A表示最高順位，接下來是按照K、Q、J、10、9……的順序，2是最低順位。

1位女性占卜的結果（如左圖）

「在過去，我和他，曾彼此深深地愛著對方。然而，我們之間卻有著很大的障礙。現在，保護我們愛情的捍衛者出現了，他依舊深愛著我，難關將會渡過。在未來，我們之間，不再有任何阻礙，能盡情享有彼此最完美的愛」。

「事事是否能順心如意？過程的運勢如何？」

徵兆7

4張7的牌可以打開命運之門

使用紙牌 **1副52張牌（Joker除外）**

占卜方式

1 一邊想著想要做的事，一邊洗好，切好52張牌。以左、中央、右的順序，牌面朝下，排3張牌。

2 依照順序，把牌1張張翻開並重疊到3張牌的上方。若出現7時，放在應該重疊的位置上方。

3 下一張牌，重疊在下一個位置上。如此，持續發牌，直到全部的7都出現為止。7也可以重疊在相同的位置上。

●當最後一張牌是7時

當最後一張牌是7時，不重疊在原先的位置上，而是放在一旁。

結果判斷1 以「7的位置和花色」占卜

●3墩牌的左邊代表「過去」，中間代表「現在」，右邊代表「未來」。

4張7當中（包含最後1張）
①全都是「正位置」牌時→事事順心如意
②3張「正位置」牌時→應該能事事順暢
③2張「正位置」牌時→好壞參半。全看努力的多寡
④1張「正位置」牌時→可能會失敗，請小心
⑤無「正位置」牌時→請勇敢放棄
※當最後一張牌是7的時候，暗示「還有其他的好方法」。

何謂「正位置」和「逆位置」？

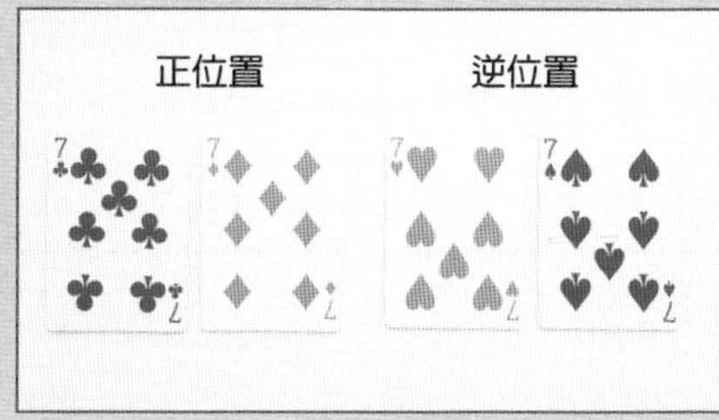

花色朝上就是「正位置」，朝下就是「逆位置」。方塊無法分辨上下，就以7個方塊的正中間的方塊來判斷，若方塊位置在上方時，為「正位置」，在下方時，即為「逆位」。

結果判斷2 以「7的位置和數字，花色」占卜

●過去、現在、未來——，依照7出現的位置，來占卜運氣的流向，判斷何時是重要的時機。位置當中，7的牌愈多，表示此時為“重要時期”。沒有7的位置，則表示“完全毫無影響”。

●再依7的花色的「正位置」「逆位置」，來占卜運勢
♦「物質．金錢方面」→正位置表示有好運
→逆位置表示其程度稍弱
♥「愛情．家庭方面」→正位置表示有好運
→逆位置表示其程度稍弱
♣「友情．健康方面」→正位置表示有好運
→逆位置表示其程度稍弱
♠「境遇」→正位置表示有困難和阻礙
→逆位置表示其程度稍弱

●4張牌(也包含♠)全都是正位置時，表示最高境界。

●♠雖然表示困難和阻撓，可是在正位置的時候，並不表示「不好」的預兆，只是暗示前面會有需要克服的試煉而已。

●和[結果判斷1]相同，最後一張牌是7時，則暗示「還有其他的好方法」。如果最後的1張牌是♠7的正位置時，「雖然有困難纏身，可是有好方法可以解決」。

結果判斷實例

左 過去
中間 現在
右 未來

過去出現♣正位置，現在出現♠正位置和♥正位置，未來出現♦逆位置時。

「針對這件事，過去是有過友情運。現在，雖然陷入困境，但是愛情運不錯。最後都能事事順心如意，還會帶財」。

「愛情・願望・財產・事業・健康」

神秘的階梯占卜

以4個花色所隱藏的涵義來判斷人間世事

使用紙牌 **1副52張牌（Joker除外）**

占卜方式（也可以占卜他人）

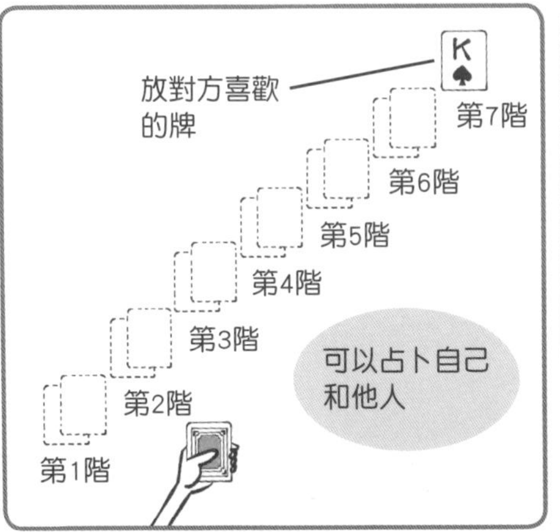

1 洗好，切好牌後，讓提問者（被占卜者）選一張喜歡的牌，牌面朝下，並放在第7階的位置。

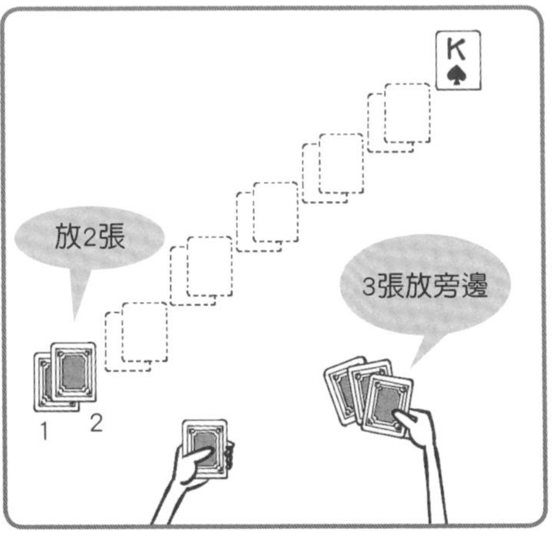

2 然後，從上面拿2張牌，牌面朝下，並放在階梯的第1階（1、2）上。接下來的3張牌，放在一旁。

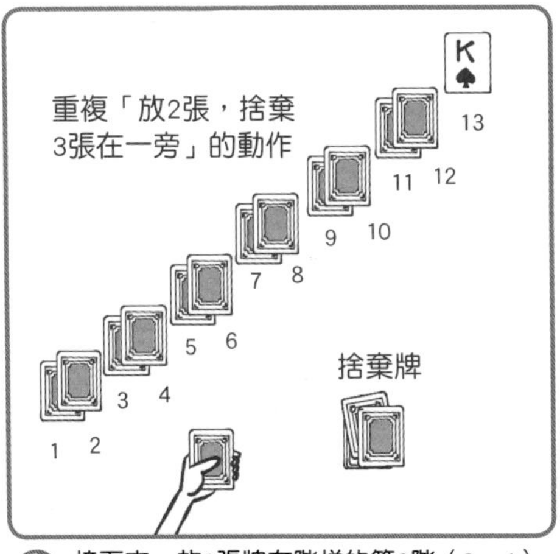

3 接下來，放2張牌在階梯的第2階（3、4）上，再捨棄3張牌在一旁。如此，依序在各階梯上各放2張，直到11、12的位置為止。

結果判斷 **「花色」占卜**

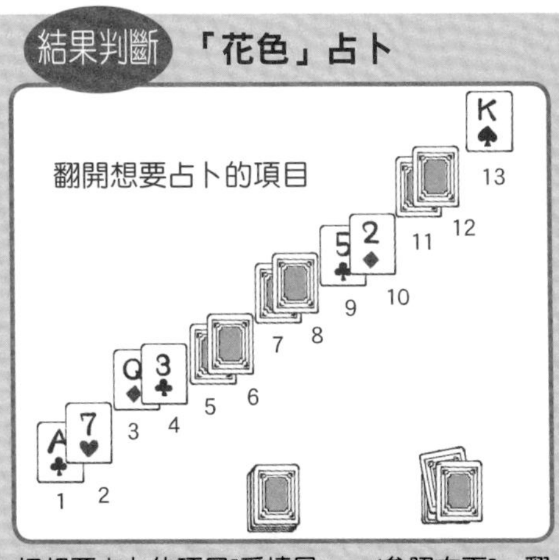

把想要占卜的項目[愛情是1、2/參照右頁]，翻開1組2張。然後，以花色的涵義（參照右頁）來占卜。代表收入的13，僅以一張牌來占卜。

花色的涵義

●占卜時，先把各個花色的涵義，記在腦海裡，再依照被占卜的人，修飾敘述方式。

1、2⇒愛情

♦：財富。富裕家庭。書信上的糾紛。
♣：誠實。長久的朋友。不聽小道消息。
♥：無比的喜悅。結婚（訂婚）。禮物。美麗的邂逅。
♠：好的發展趨勢。個性。

3、4⇒願望

♦：成功。從朋友那裡，得到錢財。
♣：苦盡甘來，心想事成。
♥：希望。滿足。信賴。
♠：心灰意冷，願望難以實現。

5、6⇒野心

♦：絕對成功。
♣：經友人的協助，得以成功。
♥：腦海浮現好點子。
♠：需要決斷力。

7、8⇒財產

♦：擁有可享安樂生活的收入。
♣：辛苦耕耘後，可邁向興隆。
♥：因自我才能或個人魅力而得到發展。
♠：要為自己的將來儲蓄。

9、10⇒事業

♦：認識有權勢的人。掌握權力。
♣：不要多說話和干涉。
♥：良好條件。
♠：不需要杞人憂天。

11、12⇒健康

♦：活力。忍耐力。敏捷。
♣：太過在意反而壞事。要有自信心。
♥：身體健康。痊癒。長壽。
♠：多運動多健康。

13⇒收入

♦：意外之財。天外飛來一筆。
♣：努力工作。
♥：未來燦爛。心滿意足。
♠：堅守信念。未來光明。

1位職業婦女，想占卜愛情（夫婦間的情感）、願望、事業、收入等

1、2 ⇒ 愛情：♥7和♣A
「可以感受到無比的喜悅。和朋友渡過歡樂時光是好事，有關老公的流言，可千萬不要當真」

3、4 ⇒ 願望：♦Q和♣3
「能苦盡甘來，借重朋友的力量，會有錢財入袋」

9、10 ⇒ 事業：♦2和♣5
「和有權勢的人保持聯絡，就可以萬事亨通。不要多管閒事，一切交給對方處理」

13 ⇒ 收入：♠K
「繼續現在的工作，未來前途無量」

「往後一年的運勢」

神聖光環

以花色和數字判斷一整年的運勢

使用紙牌 **32張牌（A、K、Q、J、10、9、8、7各4張），或1副52張牌（除去Joker）**

占卜方式

1 洗好牌，切好牌後，32（52）張牌，牌面朝下，再往橫的方向，把牌推開（參照第20頁「緞帶展牌」）。

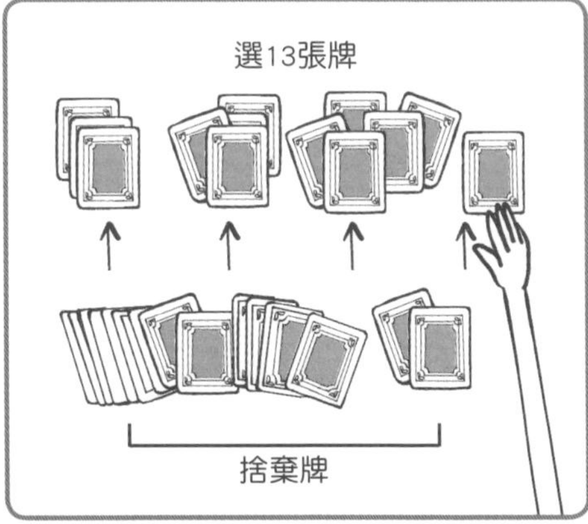

2 牌面仍然朝下，從中任選13張牌。

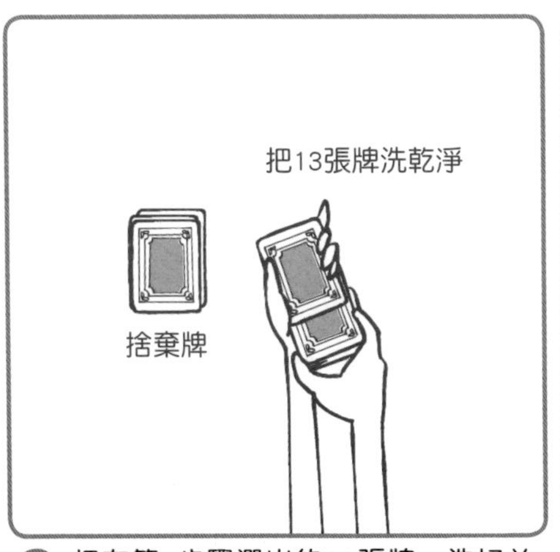

3 把在第2步驟選出的13張牌，洗好並切好。然後，牌面朝下，放在手裡。

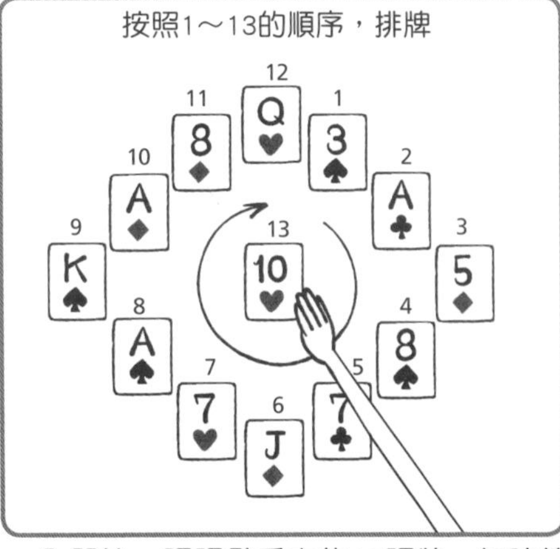

4 開始一張張發手中的13張牌。如時鐘盤一般，從1點鐘的位置，朝12點鐘方向，牌面朝上，發牌。最後的第13張牌放在中央，即完成。

結果判斷

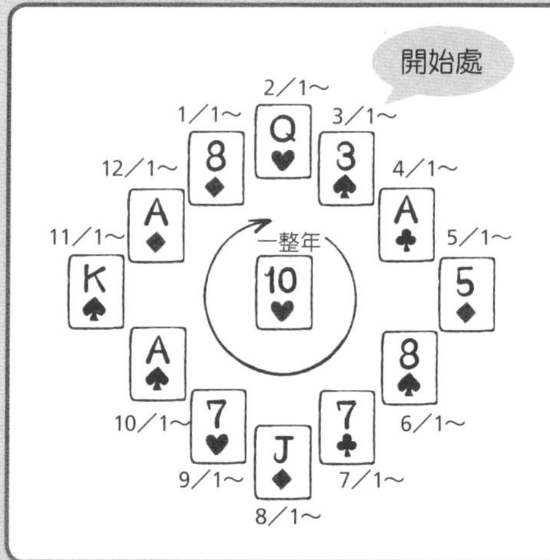

結果判斷實例

1位新婚家庭主婦在3月1日當天占卜的結果

1⇒♠3、2⇒♣A、3⇒♦5、中央⇒♥10

「一整年會很快樂很幸福。3月，小心夫妻會吵架。4月，有外快入帳，家庭生活美滿。5月，喜事臨門」

「紙牌的涵義」（參照第186～189頁）

◆光環（circle）上的12個位置代表1年12個月的運勢。

1的位置表示占卜當天的日期，之後再以月份來區隔。例如，3月1日占卜的時候，1的位置就顯示從3月1日開始1個月份的運勢，2的位置即代表4月1日起的一個月份，3的位置是從5月1日開始的1個月份。

◆中央的牌非常重要，代表一整年的總運勢。

占卜時，先判斷中央的牌，然後再看12月份的吉凶。

◆有關紙牌的涵義，請參照章節最後的一覽表（第186頁～189頁）。

占卜時，參考各個紙牌的涵義，並修飾成適合被占卜人的敘述方式。

另類占卜

可以用同樣的方法做其他的占卜。

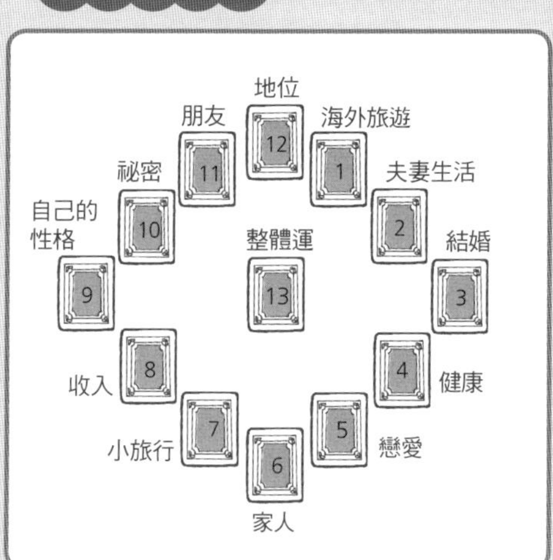

1 ⇒海外旅遊，留學，大學，法律，宗教等。
2 ⇒夫妻生活，稅金，繼承，信用。
3 ⇒結婚，競爭對手，共同事業。
4 ⇒健康，工作，就業，換工作，職場。
5 ⇒戀愛，賭博，演藝，小孩。
6 ⇒家人，家庭，母親，不動產，晚年。
7 ⇒小旅行，興趣，學習，兄弟，親戚。
8 ⇒收入，經濟，購物，飲食生活，貴重物品。
9 ⇒自己的性格，容貌，現狀，
10 ⇒秘密，潛在意識。
11 ⇒朋友，隸屬的組織。
12 ⇒地位，名譽，升官升等，父親，適當的職位。
13 ⇒整體運勢

「整體運勢」

過去・現在・未來

時間的河流蘊藏著想要探索的秘密

使用紙牌 **32張牌（A、K、Q、J、10、9、8、7各4張）**

占卜方式

1 牌洗好，切好後，牌面朝下，用左手拿32張牌。再從上面拿3張牌，放在一旁。

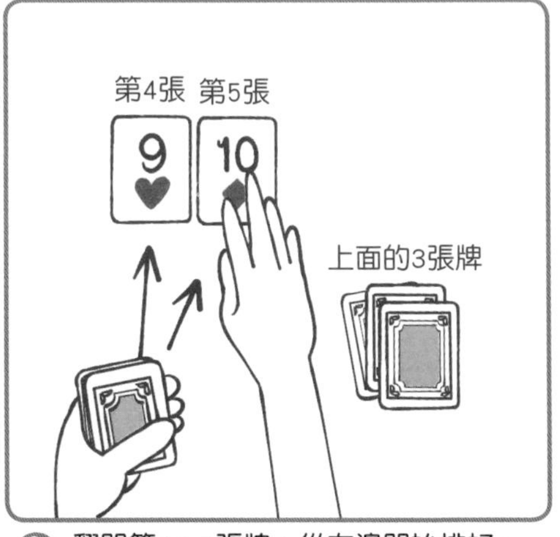

2 翻開第4、5張牌，從左邊開始排好。

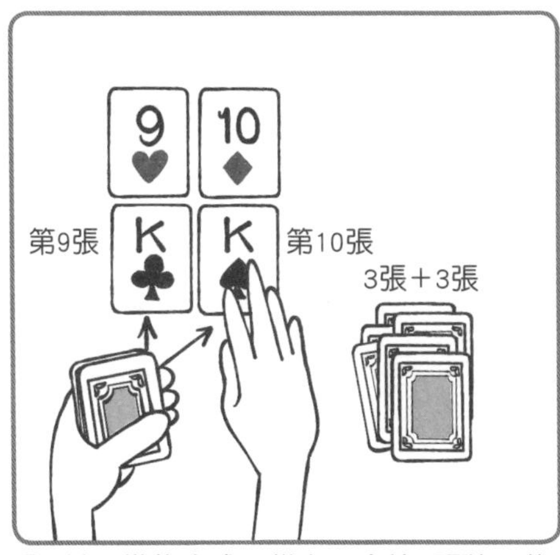

3 以同樣的方式，從上面拿掉3張牌，放在右邊。再翻開接下來的2張（第9、10張），排在剛才的第4、5張牌的下方。

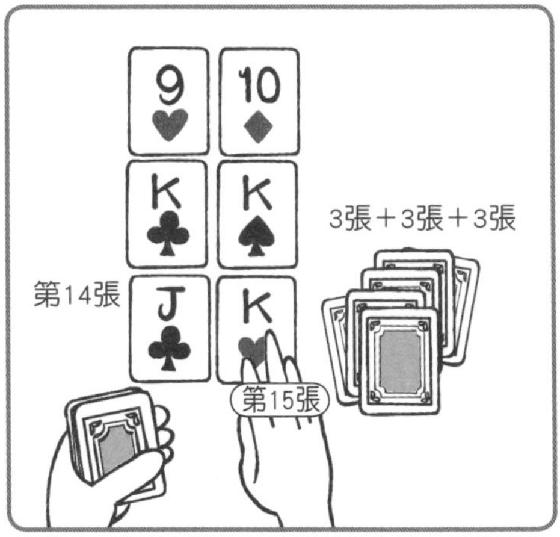

4 接著，拿掉接下來的3張牌，放在右邊。翻開接下來的2張（第14、15張），排在第9、10張牌的下方，即完成。

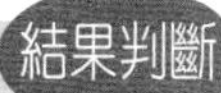

「紙牌的涵義」（參照第186～189頁）

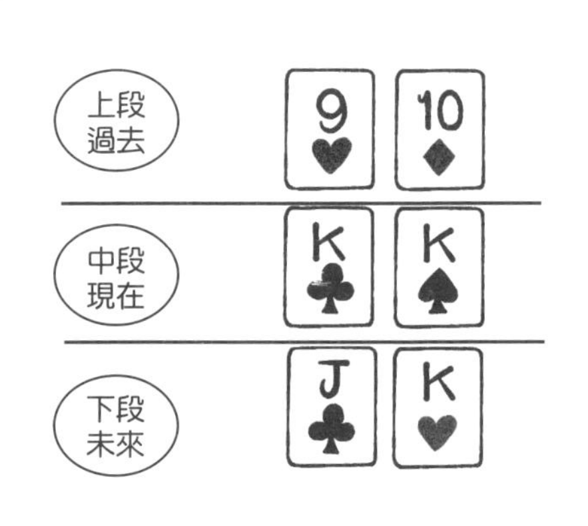

◆上段的2張牌（第4、5張牌）代表過去，中段的2張牌（第9、10張牌）代表現在，下段的2張牌（第14、15張牌）代表未來。

結果判斷實例

1位想占卜「老公事業運」的家庭主婦

過去 1♥9 （財富。地位。願望實現）
2♦10（錢財不於匱乏。有好的轉機）
現在 3♣K （擁有崇高且忠誠之愛的男人）
4♠K （野心家。功成名就。批判）
未來 5♣J （心胸寬大，全心全意的為自己賣力的朋友）
6♥K （擁有善良且深情的男人。智慧）

「在過去，貴夫婿的願望已經實現，財運也不錯。現在，是一個誠實、體貼且善解人意的老公，同時也容易受到野心家的影響。今後，從以前對金錢的執著，漸漸轉換成對人際關係的重視。因此，可以和值得信賴的同事和協助者加深彼此間的和睦關係」。

「7個問題的結果」

7個心願和診斷

每張牌隱藏著對未來的7個啟示

使用紙牌 **1副52張牌（除去Joker）**

占卜方式

1 洗好牌後，讓問卜者來切牌。牌面朝下，從左側開始，發6張牌，呈一扇形。第7張打開並放在扇形中間。

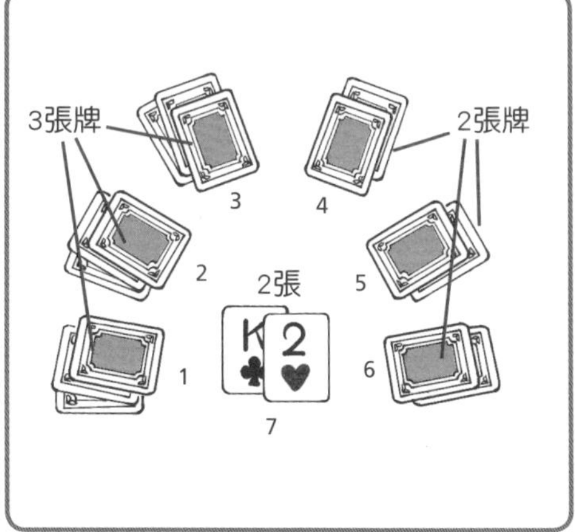

2 再發牌並疊在第1步驟的牌上，依序總共發17張牌。如此，1、2、3的位置，各發了3張牌，4、5、6、7的位置，各發了2張牌。

結果判斷

「紙牌的涵義」（參照第186～189頁）

1 ⇒提問者（問卜者）本身。
2 ⇒問卜者的家庭。
3 ⇒問卜者期望的事。
4 ⇒問卜者不期望的事。
5 ⇒驚喜的事。
6 ⇒會實現的事情。
7 ⇒問卜者的願望。

占卜時，不需要全部翻開，
只需看問卜者詢問的項目。

結果判斷實例

問卜者是1位有小孩的家庭主婦，詢問有關1、2、3、7等項目

1 ⇒提問者（問卜者）本身。
2 ⇒問卜者的家庭。
3 ⇒問卜者期望的事。
7 ⇒問卜者的願望。

1⇒有關「問卜者本身」的判斷結果

♣Q （善解人意的女人，容易受他人影響）
♥10 （善交際，懷孕）
♦7 （小心批判的言詞）

「妳是位善解人心的女性，擁有聽話的小孩，過著幸福快樂的日子。可是，當妳開拓交際範圍時，千萬要留意謠言可畏，可能會發生一些不必要的爭執」

2⇒有關「問卜者的家庭」的判斷結果

♦3 （爭執或糾紛）
♦10 （不為金錢煩惱）
♥8 （飯局和宴會的喜悅）

「妳出生於富裕家庭。家中經常是高朋滿座，人來人往，非常熱鬧。可是，太過於招搖的話，也許會帶來不必要的麻煩」

3⇒有關「問卜者期望的事」的判斷結果

♠K （野心，功成名就）
♦Q （想成為人人稱羨的女性，聽從忠告）
♠8 （小心事業的發展，朋友的背叛）

「妳在計劃做更大的投資，千萬小心利潤高的投資。請傾聽老朋友的忠告，謹慎於冒險性的投資」

7⇒有關「問卜者的願望」的判斷結果

♣K （誠懇且體貼的男性）
♥2 （只要有誠意，就會成功）

「妳本來的心願就是和體貼的老公和可愛的小孩，一起共同組織一個幸福快樂的家庭。請好好珍惜現在的幸福，腳踏實地的生活，這樣才能長長久久」

52張撲克牌的涵義

（梅花）牌

梅花表示能帶來好運的花色（組牌），
具有各種吉祥的意義。

♣A	財富。平和的家庭。繁榮。幸福。成功。是非分明。
♣K	擁有正直又氣質高尚的男性。持有忠貞愛情觀的男性。
♣Q	有氣質又善解人意的女性。容易受到他人影響。
♣J	寬容又值得信賴的朋友。全心全意為自己賣力的朋友。有內向的一面。
♣10	意想不到的財富。意料之外的喜事。不要強求。
♣9	因為和父母及朋友的期望背道而馳而產生了爭執。忍耐。
♣8	貪婪。投機。經商獲利。需要正義感。
♣7	非常幸運和開心。可是也為此和異性朋友產生爭執。
♣6	經商。事業的成功。尋找更適合自己的伴侶和計劃。生活要有節制。
♣5	早婚。有利的結婚。不斷追求就能條條道路通羅馬。不著急，不煩惱。
♣4	難以預料的噩運。計劃的改變。好吃好睡。虛偽。不誠實的警訊。
♣3	再婚。新的夫妻生活。生活有轉機。不輕薄，誠懇。
♣2	失望。注意避開敵對。自食其力。早婚。輕率。

（方塊）牌

表示財產，權力，在經濟面，物質面，大致都能帶來好兆頭。

♦A	金錢方面的繁榮和成功。喜上眉梢。小心詐欺。
♦K	值得依賴的男性。也有不夠忠誠，個性暴躁的傾向。要有慈悲心。
♦Q	豔麗，希望成為萬人注目的焦點。傾聽忠告。
♦J	個人主義。自視甚高。經濟富裕且中肯的有為青年。
♦10	不缺錢。好的轉機。認識企業家。到鄉村旅行或移居。
♦9	旅行。事業。爭論。獲得利益。靠自己開創冒險。
♦8	私奔。晚婚。再婚。終究還是歸還。和長輩起衝突。
♦7	必須全神貫注。注意交友。一念之間，也能開花結果。
♦6	早婚。通訊和情報。一心不亂。不讓髒錢上身。
♦5	若是年輕夫妻，會有孕事。事業和婚姻的成功。不要太貪心。
♦4	爭執。人際關係的煩惱。冷靜地等待。小財運。
♦3	家庭和金錢方面的爭吵與糾紛。自我要求。
♦2	被朋友和親戚反對的戀情和事業。輕率。要與他人和諧相處。

52張撲克牌的涵義

（紅心）牌

表示人生問題，家庭關係，感情問題，有溫馨與和諧氣氛的涵義。

牌	涵義
♥A	家。愛情的預兆。易受旁邊其他牌的影響。
♥K	善良又深情的男性（也有情緒化的一面）。智慧，愛，和平。
♥Q	善良，可愛又美麗的女性。對戀情有幫助的力量。要遵守約定。
♥J	最好的朋友。建言者。交際廣闊。對不走正道的人的批判。
♥10	幸運。多子。社交。慈善。降低其他紙牌的噩運，增強好運。
♥9	財富。地位。願望實現。高尚。容易受到旁邊紙牌的影響。
♥8	飯局和宴會的喜悅。簡單的體力勞動。要腳踏實地的努力。
♥7	不誠實又善變的朋友。需要靠自己和有計劃性。新的計劃。
♥6	容易相信別人。文學。藝術。演藝。靠關係而成功。
♥5	從妒嫉引起的爭執。逃避和意志薄弱。新的事物可帶來好運。
♥4	過於頑強。朋友間的爭論。自學。需要交際應酬。
♥3	因不小心而引起的困擾。輕率。濫情。準備未來。
♥2	只要表現出誠意，就能成功。富裕和繁榮。容易受旁邊紙牌的影響。

（黑桃）牌

一般代表不好的涵義，但也擁有強大的力量。危險訊號的象徵。

♠A	不單純的愛。壞朋友。投機。災難。小心守身。
♠K	野心家。功成名就。批評和批判。向上心。
♠Q	壞心眼。喜歡中傷他人。太過豔麗。貪得無厭的女人。注重高尚品節。
♠J	本質不壞，可是沒責任感。不要輕率，浪費。
♠10	小心生病、失物、災難等的噩運。對爭執要保持沈默。
♠9	噩運。凶惡。無知的迷信。怪罪他人。對不道德的警告。
♠8	小心經營開始著手的事業。朋友的背叛。避開爭吵，尋找新方向。
♠7	失去好友的傷痛。雖然暫時停擺，後續會有轉機。忠告。小旅行。
♠6	辛苦賺的錢財。中場休息。是非分明。計劃失敗。不慌張，保持元氣。
♠5	個性不好。喜歡插嘴。及早溝通彼此的觀念。
♠4	對無知和輕率的警告。暫緩是需要的。爭奪權力所引起的翻臉成仇。
♠3	夫妻間的不和睦。愛的前途布滿了烏雲。有利害關係的金錢問題。
♠2	降職。分裂。生氣無用，以完全的準備，來面對一切。反咬一口是不道德的。

結語

席捲全世界，讓大家沈迷不已的撲克牌遊戲比比皆是，
可是，在日本卻不太為人所知——
因此，衷心期望能把撲克牌的魅力傳達給更多的朋友。
25年來，我們秉持著這個信念，每週舉辦一次遊戲會，至今已召開了1300次。

在遊戲會裡，除了撲克牌之外，
還利用了各地罕見的紙牌和世界收集而來的棋盤來玩遊戲。
至今大概嘗試過2000種以上不同的遊戲，
可是，卻沒有一個遊戲能與撲克牌的“普遍性”媲美。
只要手上有一副牌，不分國籍，不分老少，就可以盡情盡興地玩在一起。
也只有在撲克牌遊戲裡，這種傳統遊戲當中，才能夠直接感觸到人和人之間，面對面，相互交流的真實感，以及一起共同編織快樂時光的記憶。
因此，“撲克牌是人類最大的發明之一”的想法，在我心中，一直是很牢固的。

撲克牌遊戲並沒有公認的遊戲規則（除了橋牌之外）。
大部分的規則都由個人獨自開創，並加以改良而完成。
本書所介紹的遊戲規則，全都在我們舉辦的遊戲會上，
經過了25個年頭，實際被應用過，被檢驗過的遊戲，
而且是一些特別好玩的遊戲。

本書「魔術」和「占卜」的章節，
是由因撲克牌而結緣的阿部隆彥先生和純銀櫻子小姐所執筆。
另外，石見博昭先生提供了紙牌，
撲克牌遊戲的章節則由渡部元先生的協助而完成。
最後，謹向教導我無數撲克牌遊戲的赤桐裕二先生，
致上最崇高的敬意。

衷心期望藉由本書，將撲克牌有趣的一面傳達給每個人。

草場 純

索引

STAFF
Art Direction & Design / 菅沼充惠
插畫 / 明上山正基（4～9頁、11頁、26～27頁、
138～139頁、166～167頁）
瀨川尚志（封面、28～137頁）
川島星河（140～165頁）
鹿野理惠子（168～189頁）
協助 / 阿部隆彥（魔術）
純銀櫻子（占卜）
石見博昭（提供紙牌）
澤近美帆（撲克牌的基礎知識）
鈴木章廣（魔術的基礎）
攝影 / 佐山裕子、柴田和宣、千葉充（主婦之友社攝影室）
採訪・撰寫 / 和田康子（魔術，占卜）
編輯 / 東明高史（主婦之友社）

國家圖書館出版品預行編目資料

54種非玩不可的撲克牌遊戲 / 草場 純作；
李惠雰 翻譯.--初版. –臺北縣中和市：
教育之友文化,2009,06
面； 公分.--（巧手過生活；29）
含索引
ISBN978-986-7167-94-1（平裝）
撲克牌
995.5　　98009168

巧手過生活29

54種非玩不可的撲克牌遊戲

作者 / 草場 純
翻譯 / 李蕙雰
美編設計 / 張慕怡
編輯 / 王義馨、林巧玲、邱芝仰
出版者 / 教育之友文化
地址 / 台北縣中和市中山路二段530號6樓之一
電話 / （02）2222-7270・傳真 / (02) 2222-1270
網站 / www.guidebook.com.tw
E-mail / notime.chung@msa.hinet.net
■發行人 / 彭文富
■劃撥帳號：18746459■戶名：大樹林出版社
■總經銷 / 朝日文化事業有限公司
■地址：台北縣中和市橋安街15巷1號7樓
電話：(02)2249-7714・傳真：(02)2249-8715

法律顧問 / 盧錦芬　律師
初版 / 2009年6月
行政院新聞局局版台省業字第618號

ISBN：978-986-7167-94-1
定價：250元

MUCHUNI NARU！TRAMP NO HON

星馬地區總代理：诺文文化事业私人有限公司
新加坡：Novum Organum Publishing House Pte Ltd
20, Old Toh Tuck Road, Singapore 597655
TEL：65-6462-6141　FAX：65-6469-4043

马来西亚：Novum Organum Publishing House (M) Sdn. Bhd.
No. 8, Jalan 7/118B, Desa Tun Razak,
56000 Kuala Lumpur, Malaysia
TEL：603-9179-6333　FAX：603-9179-6060